Klaus Lange
Bevor du sterben willst, lebe!

Klaus Lange

Bevor du sterben willst, lebe!

*Auf der Reise nach innen
verwandelt sich die Welt*

Von
Todessehnsucht, Krankheit,
Schuldgefühlen,
Angst und Einsamkeit
zu
Weite, Leichtigkeit, Freiheit
und Vertrauen

Kreuz

Die Deutsche Bibliothek – CIP-Einheitsaufnahme

Lange, Klaus:
Bevor du sterben willst, lebe! : Auf der Reise nach innen verwandelt sich die Welt ; von Todessehnsucht, Krankheit, Schuldgefühlen, Angst und Einsamkeit zu Weite, Leichtigkeit, Freiheit und Vertrauen / Klaus Lange. – Stuttgart : Kreuz, 1996
  ISBN 3-7831-1461-6

1 2 3 4 5   2000 99 98 97 96

© by Dieter Breitsohl AG
Literarische Agentur Zürich 1996
Alle deutschsprachigen Rechte beim Kreuz Verlag Stuttgart
Postfach 800669, 70506 Stuttgart, Tel.: 0711-788030
Umschlaggestaltung: Jürgen Reichert, Stuttgart
Gesamtherstellung: W. Röck, Weinsberg
ISBN 3 7831 1461 6

Inhalt

Dunkelheit, Einsamkeit, Enge, Ernst, Fallen, Feind-
schaft, Frust, Haß, Hilflosigkeit, Hoffnungslosigkeit,
Kälte, Kampf, Kleinheit, Kontrolle verlieren, Langeweile,
Lärm, Leiden, Mangel, Minderwertigkeit, Nicht-
verstanden-Werden, Nichts-mehr-tun-Können, Ohnmacht,
Panik, Schuldgefühle, Schwäche, Schwere, Schwindel,
Sorgen, Starrheit, Störungen, Streß, Trauer, Unfähigkeit,
Versagen, Unruhe, Unterlegenheit, Unzufriedenheit,
Verlassenheit, Verletzlichkeit, Verlorenheit, Verlust,
Verschlossenheit, Verzweiflung, Zweifel.

Einleitung

Dies ist ein Buch über Leiden und Todessehnsucht, das niemanden in den physischen Tod begleiten oder führen soll.

Nach meinen Erfahrungen mit vielen Menschen weiß ich, daß die Todessehnsucht bei uns sehr verbreitet ist. Sie ist gleichzeitig jedoch auch tief verborgen. Denn man empfindet sie als unmoralisch und fürchtet, sterben zu müssen, wenn man sich ihr zuwendet oder gar öffnet.

In diesem Buch ermutige ich zu einem bei uns unbekannten Umgang mit der Todessehnsucht. Dabei kann sie zu einem interessanten und gefahrlosen Weg ins eigene Innere werden.

Ein innerer Weg ersetzt jedoch keine Therapie. Wer sich gerade in einer sehr verzweifelten Situation befindet, sollte sich unbedingt einer Therapeutin oder einem Therapeuten anvertrauen, um der Todessehnsucht nicht in den physischen Tod zu folgen. Bitte schlagen Sie dazu die Seiten 118 bis 122 auf.

Die Todessehnsucht bringt uns zwei Themen nahe, denen man sich innerlich zuwenden kann:

• Die Todessehnsucht macht einem ganz deutlich, daß man sich in einer unerträglichen und – scheinbar – aussichtslosen Krise befindet. Man leidet zum Beispiel an sehr schwierigen Beziehungen, an einer schweren Erkrankung oder an Einsamkeit und Verlassenheit.

Man hat sich schon lange bemüht, das Leiden zu vermindern und zu überwinden. Es ist nicht gelungen.

• Die Todessehnsucht verheißt einem gleichzeitig die Erlösung vom Leiden durch mehr Ruhe, Leichtigkeit, Weite, Freiheit, Frieden und Glück. Wie oft hat man sich bemüht, dahin zu kommen. Es ist nicht gelungen.

Leider weiß bei uns kaum jemand, daß man diese beglückenden Zustände nicht erst dann erreichen kann, wenn man das Leiden und die Last des irdischen Lebens abgeschüttelt hat.

Die ersehnte Weite, Leichtigkeit und Freiheit sind innere Zustände jedes Menschen. Man kann sie erfahren, auch wenn man Probleme hat und in einer Krise steckt. Das Leiden ist gerade ein besonders intensiver Weg ins eigene Innere.

In diesem Buch ermutige ich mit vielen Hinweisen, Anregungen und Beispielen zu solchen inneren Erfahrungen. Man kann schon nach den ersten Sätzen damit beginnen, den Kontakt zu sich bewußt aufzunehmen und zu vertiefen.

Man kann sich in allen Ebenen besser kennenlernen: Körper, Gefühle, Gedanken und Erinnerungen. Man kann unangenehme Zustände erfahren und ertragen, und man kann – oft ganz überraschend – sehr beglückende Zustände in sich erleben.

Dabei wird einem bewußt, mit wie wenig von sich man bisher zu leben versucht hat. Man hat sich unbewußt bewertet und verurteilt, ohne sich wirklich zu kennen. Und man hat sich häufig vor sich selbst geschützt und dabei wertvolle Lebensenergien blockiert. Hat man den Mut, nach innen zu gehen, findet man dort im Laufe der Erfahrungen ein grenzenloses Vertrauen und eine bedingungslose Liebe.

Das eigene Innere ruft uns unser ganzes Leben lang, um uns alles zu schenken, was für ein erfülltes Leben auf der Erde erforderlich ist. Die Todessehnsucht ist ein deutlicher, manchmal dramatischer Ruf, sich zu spüren, mit sich in Kontakt zu kommen und Vertrauen zu sich und seinem Leben zu gewinnen. Sie will uns nicht von der Erde wegbringen, sondern uns lebensfähiger machen. Denn die Erde ist der Ort, an dem man unglaubliche Abenteuer von Freude und Leid außen und innen erleben kann.

Beginnt man, bewußter und vertrauter mit seiner eigenen Todessehnsucht zu leben, erkennt man mit Erstaunen die vielen Symptome der Todessehnsucht in unserer Gesellschaft. Überall gibt es – meistens unbewußte – Verhaltensweisen, die den Körper bedrohen, schädigen oder gar zerstören: denaturierte und schädliche Nahrungsmittel, Genußmittel, legale und illegale

Drogen, riskante Sportarten und Freizeitvergnügungen und der Umgang mit gefährlicher Technik, wie zum Beispiel dem Autofahren. Und Menschen, die gegen andere kämpfen, sie verletzen und töten oder tödliche Waffen entwickeln und herstellen, haben im allgemeinen auch nur wenig Vertrauen zum Leben anderer und zu ihrem eigenen Leben. Das zu bemerken kann hilfreich sein, die eigenen unbewußten Verhaltensweisen kennenzulernen.

Ich habe dieses Buch nach vielen eigenen inneren Erfahrungen und nach sehr vielen Begleitungen von Menschen durch ihre inneren Erfahrungen geschrieben. Ich bin kein Therapeut, sondern ich gehe diesen einfachen Weg nach innen. Ich weiß genau, was ich tue, wenn ich den Umgang mit der Todessehnsucht beschreibe, und ich kann verantworten, Menschen auf diese Möglichkeit hinzuweisen.

Daß man beim Lesen dieser Zeilen Unbehagen und Angst empfinden kann, ist normal. Man kann solche Gefühle auf seinen Weg nach innen mitnehmen.

Wer jedoch schon jetzt spürt, daß ihm diese Hinwendung zur Todessehnsucht nicht entspricht, sollte das Buch wieder aus der Hand legen. Es gibt viele andere Möglichkeiten, mit der Todessehnsucht umzugehen, und es gibt viele Helfer, die einen unterstützen, auf der Erde weiterzuleben.

Ich danke den vielen Menschen, die ich auf ihrem Wege zu sich selbst begleitet habe. Sie haben mir dabei die Gelegenheit gegeben, mich selbst immer besser kennenzulernen und Gewißheit über mein Inneres und über das Innere des Menschen zu gewinnen.

Als weitere Grundlage für diesen inneren Weg kann mein erstes Buch dienen: »Herz, was sagst du mir? Selbstvertrauen durch innere Erfahrungen«, Kreuz Verlag Stuttgart, 254 Seiten (ISBN 3-7831-1076-9)

Leiden und Todessehnsucht

Überlastung, Streß, Verzweiflung, Hoffnungslosigkeit und viele andere unangenehme Gefühle und Zustände werden in bestimmten Lebenssituationen immer wieder spürbar. Man empfindet sie als lästig oder bedrohlich und leidet an ihnen. Sie gehören zu jedem Menschen, auch wenn man persönlich mehr oder weniger stark von ihnen berührt wird.

Die meisten Betroffenen glauben jedoch nicht, daß das »normale« menschliche Zustände oder Vorgänge sind. Sie empfinden das Unangenehme als falsch oder negativ und wenden sich – oft ganz unbewußt – dagegen, um es zu überwinden und zu beseitigen. Es ist durchaus möglich, eine Zeitlang Kontrolle darüber zu gewinnen. Man kann es jedoch niemals endgültig beseitigen, da es zu einem gehört.

Lebt man jedoch mit der Erwartung, sich befreien zu können, dann »verbeißt« man sich in Abwehr und Kampf regelrecht in das, was man zu überwinden versucht. Unbewußt setzt man sich enorm unter Druck und verurteilt sich, wenn es einem nicht besser geht.

Man erlebt immer mehr Angst und Hilflosigkeit, wenn man merkt, daß das Unangenehme sogar deutlicher und übermächtiger wird. Man glaubt, nicht genug getan und versagt zu haben. Dann verstärkt man seine Bemühungen noch mehr und sucht Hilfe bei anderen, die mit einem kämpfen, um das Negative endlich zu überwinden.

Man kommt so in einen unerträglichen »Teufelskreis« aus zunehmendem Widerstand und wachsender Bedrohung. Falls man keinen anderen Umgang mit sich selbst findet, wird das ganze Leben davon geprägt. Man leidet an einer übermächtigen Angst oder Depression und glaubt, daß sie einen krank und lebensunfähig macht.

Leider macht bei uns kaum jemand die Erfahrung, daß es nicht die bedrohlichen Gefühle sind, an denen man so furchtbar leidet. Man merkt nie, daß das eigentliche Leiden der Mangel an Vertrauen zum eigenen Inneren ist und die daraus entstehende gnadenlose und gewaltsame Abwehr gegen das Unangenehme in einem selbst.

Derartiges chronisches und unerträgliches Leiden wird gefördert, wenn man – wie bei uns üblich – glaubt, daß Krankheiten, Probleme im Beruf und in Beziehungen sowie bedrohliche Gefühle vor allem durch äußere Einflüsse verursacht werden. Der Betroffene selbst soll wenig damit zu tun haben.

Damit macht man das, was sich in einem selbst unangenehm anfühlt, ganz fremd. Man empfindet sich häufig als Opfer anderer Menschen und äußerer Umstände. Dann kämpft man nicht mehr nur in sich, um das Unangenehme zu überwinden. Man bemüht sich ebenso, Menschen oder äußere Umstände »in den Griff zu bekommen«, um sie so lange zu verändern, bis es einem endlich besser geht. Man muß jedoch fast immer erleben, daß es einem nicht so gelingt, wie man es sich wünscht. Dann glaubt man, nicht genug getan oder gar versagt zu haben. Man strengt sich noch mehr an und setzt sich und andere unter ewigen Druck.

Überspitzt gesagt: Wir kultivieren innen und außen dauerhafte und riesige Anstrengungen, um alles Unangenehme – in uns – zu überwinden und nur noch das Angenehme zu leben. Und da das nicht gelingt, kultivieren wir immer mehr Streß, um auch noch den Streß zu erledigen.

Es ist kein Wunder, daß so viele Menschen eine tiefe Sehnsucht empfinden, endlich zur Ruhe zu kommen, nichts mehr tun zu müssen und sich nicht mehr anstrengen zu müssen.

Leider glauben die meisten auch da wieder, daß man Ruhe und Entspannung erst dann finden kann, wenn man dafür die richtigen äußeren Bedingungen schafft. Man vermeidet also den unangenehmen Alltag und geht in Urlaub. Man vermindert unangenehme Begegnungen und Gefühle, indem man sich von anderen zurückzieht. Man bemüht sich, alles richtig zu machen, um endlich Ruhe zu finden. Also spürt man wieder Anstrengung und

11

Streß, die man natürlich gerade nicht haben will. Man versucht, sie zu überwinden. Und man merkt, wie man – trotz der schönen Urlaubsumgebung – nicht zur Ruhe kommt. Eigentlich kann man tun, was man will. Es nützt nichts.

Dauerstreß, Verzweiflung und Hoffnungslosigkeit führen zu unterschiedlichen Reaktionen:

• Man kann alles nicht mehr ertragen und versucht, es mit Kraft zu durchbrechen. So wendet man sich wütend und aggressiv gegen unerträgliche Menschen oder gegen die furchtbaren Zustände in der äußeren Welt, an denen man zu leiden glaubt.

• Man fällt in schwere Depressionen und verurteilt sich selbst, weil man es nicht geschafft hat. Alle anderen sind zufriedener und selbstsicherer als man selbst. Man hat sich eben nicht genug angestrengt und so vieles falsch gemacht. Und jetzt kann man nichts mehr ändern.

• Man verfällt Süchten. So ist der Alkohol – zusammen mit ein paar Zigaretten – eine schöne Möglichkeit, auszuspannen, nicht mehr so viel zu denken, sich einfach mal gehenzulassen. Man kommt wieder ins Gespräch mit anderen. Wenn man mit einem dicken Kopf aufwacht, kann man es ganz gut ertragen. Und es gibt die Tabletten vom Arzt, die einen beruhigen und die ganze Stimmung ein bißchen aufhellen.

Natürlich hat man auch Schuldgefühle, wenn man merkt, daß man solche Sachen braucht und daß sie dem Körper nicht guttun. Man versucht immer wieder einmal, mit dem Rauchen und dem Trinken aufzuhören und die Tabletten ein paar Tage wegzulassen. Da das nicht dauerhaft gelingt, hat man wieder versagt. Es ist hoffnungslos.

Alle, die so leiden, finden ihr Leben unerträglich. Sie möchten endlich und endgültig den ganzen Streß, die Hilflosigkeit, die ohnmächtige Wut, die Depression, die Drogen und die Hoffnungslosigkeit hinter sich lassen. Sie denken manchmal daran, wie sie sterben, wie dann alles vorbei ist und wie es ganz ruhig wird. Gleichzeitig haben sie große Angst vor dem bedrohlichen

Tod. Und wenn sie sich ihrer Sehnsucht bewußt werden, verurteilen sie sich, weil sie versuchen, aus dem Leben zu flüchten.

Bei all diesen Gedanken und Gefühlen ist man jedoch immer ganz in sich selbst. Verzweiflung, Hoffnungslosigkeit, Todessehnsucht, die man spürt, und selbst die Ruhe, an die man denkt, sind eigene innere Vorgänge. Sie sind »Rufe der Seele«, denen man nach innen folgen darf und sollte.

Wenn man das nicht weiß, glaubt man, daß sich die Todessehnsucht im physischen Tod erfüllen muß. So kämpft man – vielleicht halbherzig – auch wieder gegen die Suizidgedanken, gegen Angst und Schuldgefühle. Damit kommt man in den nächsten großen Streß, der das Leben vollends unerträglich machen kann.

Sehnsüchte

Jeder Mensch hat viele Erwartungen an sein Leben. Er möchte gesund, glücklich und zufrieden sein, angenehme Beziehungen haben, Ansehen und Zuwendung erfahren, vielleicht auch ungewöhnliche Dinge tun oder erleben.

Viele solcher Wünsche sind Sehnsüchte, die sich – ganz einfach – im eigenen Inneren erfüllen können. Man verwechselt sie jedoch meistens mit den Bedürfnissen, die in der äußeren Welt befriedigt werden müssen.

Zu denen gehört vieles, was mit dem Körper zusammenhängt: Er muß ernährt und beherbergt werden, vor Kälte und Witterung geschützt, bei Krankheiten oder Verletzungen gepflegt und behandelt werden. Fast alles das muß man bei uns kaufen und bezahlen. Man braucht also Geld, das man meistens durch Arbeit und mit Anstrengung verdienen muß.

Leider meint man daher, ebenso für seine Sehnsüchte »arbeiten« und sich anstrengen zu müssen, um sie zu befriedigen. Hat man also Sehnsucht nach angenehmen Gefühlen oder inneren Zuständen, bemüht man sich um sie und glaubt, die entgegengesetzten, unangenehmen Zustände bekämpfen und überwinden zu müssen: Um fröhlicher zu werden, muß man seine Trauer loswerden oder lange Trauerarbeit leisten. Oder um mehr Leichtigkeit zu spüren, muß man die Schwere aus seinem Leben entfernen. Und um endlich das innere Licht zu erleben, muß man das Dunkle hinter sich lassen.

Bei dieser »Arbeit« bemüht man sich um die entsprechenden äußeren Umstände: Damit sich die Sehnsucht nach Liebe und Geborgenheit erfüllt, sucht man den richtigen Partner und die passende äußere Situation.

Solche Bemühungen können durchaus zu angenehmen Ergebnissen führen, trotzdem erfüllen sich die Sehnsüchte jedoch oft nicht so, wie man es sich wünscht. Dann strengt man sich noch mehr an, das Angenehme zu erreichen, und erlebt, daß das Unangenehme größer und bedrängender wird: Man spürt zunehmend Enttäuschung, Unzufriedenheit, Streß, Hilflosigkeit, Hoffnungslosigkeit, Erschöpfung und vielleicht sogar die Sehnsucht, alles aufzugeben und aus diesem mühsamen und unbefriedigenden Leben zu »verschwinden«.

Denn die meisten Menschen bei uns glauben, daß sie Fehler gemacht haben oder gar gescheitert sind, wenn es ihnen zunehmend und dauerhaft schlechtgeht. Man lebt in der Vorstellung, daß die unangenehmen oder bedrohlichen Gefühle oder Zustände nicht zu einem gehören. Deswegen wendet man sich gegen sie, um sich endlich von ihnen zu befreien.

Jeder Mensch ist jedoch in jedem Augenblick »bei sich«. Das heißt, er erlebt immer seine eigenen Gefühle und inneren Zustände, ob sie nun angenehm oder unerträglich sind. Das ist auch ganz unabhängig davon, ob die Gefühle von äußeren Umständen ausgelöst werden oder nur von innen zu kommen scheinen.

Fühlt man sich zum Beispiel bei einem vertrauten Menschen geborgen, dann erlebt man seine eigene Geborgenheit. Spürt man große Hilflosigkeit beim Betrachten der Fernsehbilder von einem Krieg, ist man bei seiner eigenen Hilflosigkeit. Hat man Angst, wenn man sich an eine früher erlebte bedrohliche Situation erinnert, ist man in diesem Augenblick mit seiner eigenen Angst in Kontakt. Man könnte ja alle diese Gefühle nicht spüren, wenn sie nicht in einem selbst wären.

Wenn man das nicht weiß, lebt man unvertraut und fremd mit vielen inneren Zuständen und Vorgängen. Man glaubt, daß es falsche, schlechte, böse oder gar zerstörerische Gefühle oder Zustände gibt, die nicht zu einem gehören und die man unter Kontrolle halten und endlich überwinden muß.

Nach vielen eigenen Erfahrungen und vielen Begleitungen anderer Menschen in die innere Welt weiß ich, daß diese Vorstellungen zu großem Leiden führen: Man vertraut sich selbst nicht, kämpft unbewußt gegen sich selbst und erreicht die Zustände nicht, nach denen man sich eigentlich sehnt.

Ich kann jeden Menschen ermutigen, eigene innere Erfahrungen zu machen, um mit sich selbst vertrauter zu werden. Ich weiß inzwischen, daß man auch allen unangenehmen oder bedrohlichen inneren Vorgängen und Zuständen vertrauen kann und daß sie einen nicht schädigen, zerstören oder lebensunfähig machen. Ich weiß, wie einfach man das Angenehme in sich finden und auch im Alltag leben kann. Und ich weiß, daß man dem Ruf seiner Sehnsüchte nach innen folgen kann, wo sie sich befriedigend und beglückend erfüllen können:

- Die Sehnsucht nach Liebe und Geborgenheit bringt uns zu der Erfahrung, daß wir von innen geliebt werden und uns in uns selbst geborgen fühlen können.
- Die Sehnsucht nach Reichtum führt uns zur unermeßlichen Fülle und zum Reichtum der eigenen Seele.
- Die Sehnsucht nach Beziehung erfüllt sich in der Hinwendung zum eigenen Körper, zu den eigenen Gefühlen und zum eigenen Geist. Daraus entstehen viel Vertrauen und Kraft.
- Und die Todessehnsucht bringt uns in die Weite, Leichtigkeit und Freiheit, die wir in der äußeren Welt so nicht finden können.

Innere Erfahrungen: ein Weg nach innen

Seit einigen Jahren gehe ich einen sehr einfachen inneren Weg der Achtsamkeit und der bewußten Beziehung zu mir selbst. Seitdem bin ich erheblich vertrauter mit mir geworden, und mein Leben hat sich – meistens angenehm – verändert.

Inzwischen sind viele Menschen in meine Seminare und zu meinen Einzelbegleitungen gekommen. Ich habe sie ermutigt, sich selbst wahrzunehmen und bewußt zum Körper, zu Gefühlen, zu Gedanken und Erinnerungen und anderen inneren Zuständen und Vorgängen Kontakt aufzunehmen. Was ich dabei alles miterlebt habe, hat mein Vertrauen in die innere Welt des Menschen ganz wesentlich vertieft.

Da ich seit meinem ersten Buch »Herz, was sagst du mir?« viele weitere Erfahrungen gemacht oder miterlebt habe, ist mir manches noch eindeutiger und einfacher geworden. So kann ich im folgenden die Grundlagen dieses inneren Weges noch klarer und schlüssiger darstellen.

Experimente mit sich selbst machen

Jede Religion weist den Menschen auf die größere Wirklichkeit hin, in der er existiert und die »nicht nur von dieser Welt« ist. Jede Religion macht deutlich, daß es letztlich um das Vertrauen zum eigenen Leben in einem größeren Zusammenhang geht. Im Buddhismus zum Beispiel macht man seit Jahrtausenden in der Meditation innere Experimente, um persönlich die inneren Ebenen zu erfahren und Gewißheit über die eigene Wirklichkeit zu gewinnen.

Die meisten westlichen Wissenschaften verweigern sich dieser größeren Realität. Obwohl ein Wissenschaftler grundsätzlich neugierig ist, glaubt er meistens nicht, daß die vielen religiösen Aussagen über die unsichtbare Welt und deren Wirkungen genauso erforscht werden könnten wie die physische Welt.

Daher gibt es bei uns leider viele unbewiesene Vermutungen über innere Zustände und Vorgänge, die es einem schwermachen, unbefangen nach innen zu gehen.

Ich kann jedoch ohne Bedenken zu allen Arten von Experimenten mit sich selbst raten. Denn eigentlich geht es nur darum, ein bißchen bewußter und achtsamer mit sich zu leben. Man ist nämlich den lieben langen Tag »bei sich selbst«, ob es einem angenehm ist oder nicht.

Zuerst mag es ziemlich fremd und seltsam erscheinen, sich bewußter wahrzunehmen und sogar eine direkte Beziehung zu dem In-sich-Wahrgenommenen zu beginnen. Das kann durchaus Angst auslösen. Erzählt man anderen Menschen davon, werden die Bedenken noch vertieft, wenn man Kommentare hört wie: »Paß auf, daß du nicht die Realität vergißt«, »kümmere dich lieber um den Alltag«, »flüchte nicht aus deinen Problemen« oder »denke auch an die anderen und nicht nur an dich«.

Die großen Ängste, die viele Menschen – auch Therapeuten oder Priester – vor dem eigenen Inneren haben, zeigen mir die tiefe Entfremdung, in der wir leben. Die inneren Erfahrungen, die ich praktiziere und vermittle, sind jedoch nichts Neues. Sie werden in vielen Religionen – mit anderen Worten und Verfahren – geübt und gelebt.

Denn das Vertrauen zum eigenen Leben kommt nicht von außen. Niemand kann es einem schenken. Es entsteht vielmehr, wenn man bewußt Erfahrungen mit sich selbst macht. Nur dadurch gewinnt man einen Zugang zur eigenen inneren Welt. In solchen inneren Experimenten kann man die Gewißheit erlangen, daß man von innen nicht bedroht oder zerstört wird. Man findet seine Liebe, sein Vertrauen und viele Fähigkeiten, besser mit sich und anderen auf der Erde leben zu können.

Im folgenden schildere ich die Schritte auf dem Wege, sich selbst zu erfahren:

Sich bewußt wahrnehmen

In einem Augenblick der Achtsamkeit bemerkt man etwas Eigenes. Vielleicht wird man sich bewußt, daß die Füße auf dem Boden stehen oder daß das Knie schmerzt oder daß man die Augen benutzt, um etwas zu lesen. Vielleicht spürt man gerade eine Aufregung oder eine Freude. Oder man wird sich bewußt, daß man sich an etwas erinnert, was man gestern erlebt hat. Oder man bemerkt eine Sorge, die man sich gerade macht.

Diese Achtsamkeit kann man haben, wenn man arbeitet, spazierengeht oder Fernsehen sieht. Man kann dabei gehen, stehen, sitzen oder liegen. Man kann sich dafür jedoch auch eine besondere Situation schaffen, indem man sich zurückzieht, sich hinsetzt, hinlegt oder – in einer traditionellen Haltung – meditiert.

Wodurch die wahrgenommenen Vorgänge oder Zustände ausgelöst werden, ist ohne Bedeutung. Was man in sich spürt, gehört zu einem selbst. Spürt man eine Spannung im Körper, kann man sie wahrnehmen, ohne zu wissen, warum sie da ist. Sitzt man vor dem Fernseher und empfindet Angst, muß man sie nicht begründen. Berührt man einen vertrauten Menschen und spürt Geborgenheit, ist es das eigene Gefühl, dem man sich innerlich zuwenden kann.

Man kann sich auch bewußt etwas zuwenden, was man im Augenblick gar nicht spürt. Man braucht zum Beispiel nur an seine Nieren zu denken und kommt innerlich mit ihnen in Kontakt.

Mit sich selbst sprechen

Eine so entstandene innere Beziehung kann man ganz wesentlich vertiefen, indem man den wahrgenommenen Teil innerlich oder – wenn man allein ist – laut anspricht. Man kann zum Beispiel sagen: »Nieren, ich denke an euch.« Damit beginnt eine innere Kommunikation, die man bei uns meistens entweder für unmöglich oder aber für ziemlich seltsam oder gar verrückt hält.

Nimmt man einen Teil von sich wahr und spricht zu ihm, vertieft man die Wahrnehmung. Und wie in der Beziehung zu einem anderen Menschen wird man gegenseitig vertrauter, wenn man miteinander spricht.

Wie zwischen Menschen bleibt die innere Kommunikation nicht nur auf eine Seite beschränkt. Manche Menschen erfahren schon bei den ersten Worten nach innen, daß von dort deutliche Antworten kommen. Das können Worte vom angesprochenen Teil sein, es können innere Bilder entstehen oder auch ein Augenblick der Freude oder Ruhe. Damit erlebt man, daß man gehört wird. Und fast immer gibt es eine freundliche oder liebevolle Reaktion von innen.

Wenn man nach innen spricht, muß man keineswegs alles annehmen oder lieben, was man da spürt. Man kann ganz ehrlich mit sich umgehen und auch sagen: »Spannung, ich mag dich nicht« oder: »Schmerz, ich hasse dich.«

Achtsamkeit bedeutet jedoch, das Wahrgenommene als etwas Eigenes zu spüren und es im Augenblick so zu lassen, wie es ist. Daß man einen unangenehmen Zustand loswerden möchte, ist verständlich. Sagt man jedoch nur: »Schmerz, geh weg«, setzt man damit den meistens unbewußten Kampf gegen den Schmerz fort, den man nicht wirklich kennt, weil man bisher nie »mit ihm«, sondern nur »gegen ihn« gelebt hat.

Sagt man jedoch: »Schmerz, ich spüre dich. Du gehörst im Augenblick zu mir«, kann man danach – auch mit Hilfe eines Therapeuten – versuchen, etwas zu tun. Man kann dem Schmerz dann sagen: »Du bist mir unerträglich. Jetzt werde ich versuchen, dich loszuwerden.«

Nicht verstehen müssen

Hinwendung und innere Kommunikation sind ganz unabhängig davon, ob man den eigenen Zustand oder Vorgang versteht. Man kann zwar fragen: »Schmerz, warum bist du da?« Vielleicht erhält man sogar eine Antwort. Sie ist jedoch niemals eindeutig und endgültig, weil im Inneren alles miteinander verwoben ist.

In vielen Therapien glaubt man, sein Leiden verstanden haben zu müssen, ehe man es überwinden kann. Daher bemühen sich

20

viele Menschen oft lange Zeit, die Ursachen ihres Leidens zu finden. Man sucht vor allem außen nach einer Begründung und kommt dabei nicht in direkten Kontakt mit dem Leiden. Mit dem schlichten Satz:»Leiden, ich spüre dich«, würde man es als Teil von sich wahrnehmen und könnte weitere hilfreiche Erfahrungen mit ihm machen. So ist für mich der Drang, alles verstehen zu müssen, ein unbewußter Schutz vor direkten inneren Berührungen.

Daß man in inneren Erfahrungen manchmal begreift, worum es geht, kann durchaus hilfreich sein. Das ist jedoch keine notwendige Voraussetzung für den weiteren Umgang mit dem Wahrgenommenen.

Zulassen können und sich anvertrauen können

Man muß nicht alles in sich annehmen, aber man kann es. So könnte man seiner schmerzenden Wirbelsäule sagen:»Wirbelsäule, du gehörst im Augenblick auch so zu mir, wie du bist.« Wenn man will, kann man noch weiter gehen und sagen:»Jetzt gebe ich dir die Freiheit. Sei so, wie du sein möchtest.« Die Wirbelsäule kann dann weiter schmerzen, sie kann sich jedoch auch verändern, wenn sie es möchte.

Dieses Zulassen-Können drückt Vertrauen zu dem angesprochenen Teil aus. Man gibt damit nicht nur der Wirbelsäule Freiheit, sondern auch sich selbst.

Noch intensivere Erfahrungen entstehen, wenn man sich bewußt etwas sehr Unangenehmem oder Bedrohlichem anvertraut oder ausliefert. Man kann zum Beispiel sagen:»Hilflosigkeit, ich liefere mich dir aus. Mache mit mir, was du willst.« Das löst bei fast allen Menschen zuerst große Angst aus. Sie befürchten, daß die bedrohliche Hilflosigkeit total übermächtig und dauerhaft werden könnte.

Trotz solcher Ängste und Vorurteile kann ich ohne Bedenken dazu ermutigen. Denn man liefert sich ja nicht an etwas Äußeres aus, sondern an ein eigenes – unvertrautes – Gefühl. Niemand wird dadurch geschädigt, zerstört oder lebensunfähig. Ich erlebe

21

immer wieder mit, wieviel (Selbst-)Vertrauen aus dieser Hingabe entsteht.

Und sollte es wirklich einmal ganz unerträglich werden, kann man sagen: »Hilflosigkeit, ich kann dich im Augenblick nicht mehr ertragen. Ich breche ab und ziehe mich zurück.« Bei der nächsten Begegnung wird die Hilflosigkeit trotzdem schon ein bißchen vertrauter wirken.

In der Gegenwart sein

In solchen inneren Erfahrungen entsteht fast immer eine Kette von inneren Vorgängen, die aufeinander folgen und die man nacheinander wahrnehmen und ansprechen kann.

Sagt man zum Beispiel einer Spannung im Körper: »Spannung, ich mag dich nicht«, kann man sich seiner Ablehnung bewußt werden und sagen: »Ablehnung, ich spüre dich.« Wird man dann traurig, sagt man: »Trauer, ich spüre dich. Ich kann dich nicht zulassen.« Danach: »Schutz, ich spüre dich« und vielleicht: »Hilflosigkeit, du gehörst auch zu mir.«

Wäre man immerzu achtsam, könnte man sich so den ganzen Tag lang erleben und zu dem sprechen, was nacheinander ins Bewußtsein kommt. Jeder von uns hat jedoch jahrzehntelang trainiert, sich nur wenig oder gar nicht wahrzunehmen.

Wenn man bemerkt, daß man wieder eine ganze Zeit lang unbewußt gelebt hat, kann man sagen: »Unbewußtheit, du bist auch ein Teil von mir.« Man muß auch die eigene Unbewußtheit nicht überwinden oder beseitigen. Geht man bewußter mit ihr um, wird man vertrauter mit ihr. Danach ist sie nicht mehr so zwanghaft oder dauerhaft.

Alles kann geschehen

Es ist durchaus möglich, daß sofortige, manchmal sogar dramatische Wirkungen entstehen, wenn man so mit sich umgeht. Es ist alles möglich, bis hin zur spontanen Heilung einer körperlichen

Krankheit. Man sollte es jedoch nicht erwarten, und man sollte es nicht zu erzwingen versuchen.

Bei manchen Menschen entsteht am Anfang jedoch eher der Eindruck, daß dieser Umgang mit sich selbst »nichts bringt«. Man lebt genauso weiter wie bisher, hat dieselben Probleme und Symptome. Was man eigentlich loswerden oder überwinden wollte, bleibt, wie es war.

Ich weiß jedoch, daß jeder irgendwann merkt, daß sich etwas in ihm verändert hat. Vielleicht spürt er, daß er öfter innerlich stiller oder zufriedener ist. Oder er erlebt Veränderungen im Kontakt mit anderen Menschen. Er geht offener mit ihnen um, oder sie verhalten sich angenehmer. Er spürt mehr Nähe und Vertrauen. Das kann nur geschehen, wenn man sich selbst vertrauter geworden ist. Darüber kann man sich bewußt freuen und dafür dankbar sein und seine Freude und Dankbarkeit ansprechen.

Danach wartet man nicht mehr so auf die Wirkungen seiner inneren Beziehungen, weil man weiß, daß es sie gibt, unabhängig davon, ob man sie gerade spürt oder nicht.

Durch mehr Kontakt zu sich selbst überwindet oder beseitigt man jedoch nichts Inneres. Auch Angst, Trauer, Wut, Hilflosigkeit oder Unbewußtheit bleiben einem erhalten. Sie werden nur vertrauter, und man muß nicht mehr so unbewußt und zwanghaft mit ihnen umgehen. Daß diese Gefühle bei vielen Menschen so bedrohlich und übermächtig wirken, liegt am unbewußten und oft sehr gewaltsamen Kampf gegen sie. Die Gefühle selbst werden undramatischer und erträglicher, je mehr man ihnen vertraut.

Aktiv sein dürfen

Bei dem eben beschriebenen Wahrnehmen und Hinsprechen läßt man die inneren Vorgänge oder Zustände einen Augenblick lang so, wie sie sind. Das ist das Zulassen-Können, das viel Vertrauen schafft.

Man muß jedoch keineswegs nur zulassen. Man kann ebenso auch bewußt aktiv werden, um etwas in sich zu verändern.

Man kann zum Beispiel mit seiner kranken Wirbelsäule, die man gerade angesprochen und in ihrem Leid zugelassen hat, zum Arzt gehen, um sich von ihm helfen zu lassen. Man erlebt eine notwendige Behandlung viel bewußter und persönlicher. Man kann achtsamer mit allem umgehen, was dabei außen und innen mit einem geschieht. Und niemand hindert einen, auch während einer Behandlung (leise) mit der Wirbelsäule zu sprechen.

Man muß sich auf dem inneren Weg also nicht zwischen Hingabe und Handeln entscheiden. Man kann bewußt zulassen und nichts tun, wenn man es möchte. Man kann aber genauso bewußt aktiv sein, handeln und eingreifen.

Die meisten westlichen Menschen leiden an der Einseitigkeit, immer aktiv sein zu müssen, immer handeln, verändern, unter Kontrolle bringen und kämpfen zu müssen. Sie haben kein Vertrauen zur Hingabe, weil sie nicht wissen, daß es zuerst darum geht, sich dem eigenen Inneren anzuvertrauen.

Man ist immer »bei sich«

Von Menschen, die zu mir kommen, höre ich immer wieder den Ausspruch: »Ich war schon so schön bei mir. Und jetzt bin schon länger überhaupt nicht mehr bei mir.« Frage ich nach, höre ich zum Beispiel von Trauer, Angst oder Enttäuschung. Damit wird mir klar, daß die Betroffenen mit ihrer unangenehmen Seite nicht vertraut sind und sie noch nicht als eigenen Zustand erfahren können oder wollen. Der Satz: »Ich bin nicht bei mir« ist ein Signal für besonders interessante innere Themen, denen man sich bisher verweigert, weil sie einem unvertraut oder bedrohlich erscheinen.

Man kann sich immer spüren, man kann immer mit sich sprechen und zu sich hinhören. Man sollte sich nur nicht (unbewußt) unter Druck setzen, immer so mit sich umgehen zu müssen. Manchmal ist man achtsam und freut sich darüber, und manchmal (meistens) ist man unbewußt, spürt nichts von innen und ärgert sich, wenn man es nach einiger Zeit bemerkt. Am Anfang kann man sich für Augenblicke der Achtsamkeit programmieren, indem man bestimmte äußere Umstände dafür benutzt. Man kann sich zum Beispiel vornehmen: Wenn ich auf die Uhr sehe, nehme ich mich einen Augenblick wahr. Oder wenn ich mich hinsetze oder etwas trage oder zum Telefonhörer greife, spüre ich mich. Da gibt es unendlich viele Möglichkeiten. Man kann sogar den berühmten »Knoten im Taschentuch« verwenden.

Es ist sehr hilfreich, das Ganze nicht zu ernst und wichtig zu nehmen und nicht als Arbeit anzusehen, die man immer richtig machen muß. Es ist ein Spiel der Achtsamkeit und der Unbewußtheit. Mal ist man auf der einen Seite, mal auf der anderen. Nach der ersten Gewöhnung wird es dann selbstverständlicher, sich öfters zu spüren.

Auf die geschilderte Weise kann man mit allen Ebenen von sich in bewußten Kontakt kommen und mit allem sprechen, was es in einem gibt: mit dem Körper und allen seinen Teilen und Organen, mit Gefühlen, Gedanken, Vorstellungen, Erinnerungen, Phantasien, Einbildungen und Träumen, mit Wärme und Kälte, mit Helligkeit und Dunkelheit, auch mit Weite, Grenzenlosigkeit, Auflösung und mit vielen inneren Vorgängen oder Zuständen, die man vielleicht gar nicht benennen kann.

Innere Erfahrungen mit dem eigenen Körper

Die dichteste Ebene des eigenen Wesens ist der physische Körper, den man dank seiner physischen Sinnesorgane sehr gut wahrnehmen kann, wenn man es möchte. Aus Naturwissenschaften und Medizin weiß man, daß der Körper aus unermeßlich vielen Einzelheiten besteht, wie Milliarden von Zellen, vielen Organen, Blutgefäßen, Nerven, Muskeln und Energien. Jede der vielen Zellen führt ihr eigenes Leben, hat ihre Form und Funktion, verändert sich, stirbt ab und wird durch eine neue ersetzt. So zeigt der Körper uns das fließende Leben im Werden und Vergehen, wenn wir es nur wahrnehmen.

Man kann seinen Körper sehen, ihn berühren, ihn in seiner Wärme oder Kälte wahrnehmen und in seinen Fähigkeiten und Grenzen erleben. Daher ist der Körper ganz besonders gut für direkte Erfahrungen geeignet. Sie beginnen mit der Wahrnehmung dessen, was da ist, und sie werden vertieft durch Hindenken oder Hinsprechen.

So kann es zu einem Erlebnis werden, eine alltägliche, schon tausendfach getane Bewegung oder Handlung zum ersten Mal bewußt wahrzunehmen. Man kann zum Beispiel bei einer vertrauten Arbeit die tätige Hand ansehen, zu ihr hinspüren, sich ihrer komplizierten Bewegungen bewußt werden und – laut oder leise – sagen: »Hand, ich spüre dich und freue mich über deine Fähigkeiten.«

Das mag zuerst ziemlich eigenartig oder lächerlich wirken. Deshalb probiert das bei uns ja auch kaum jemand aus. Ich weiß jedoch, daß man bald merken wird, daß solche Worte ankommen und die Hand auf ihre Weise antwortet. Vielleicht kommt Freude auf oder ein Augenblick der Ruhe. Es ist möglich, daß sich die Hand wärmer und lebendiger anfühlt. Vielleicht spricht sie sogar innerlich zu einem.

Was ist das für ein Augenblick, wenn man erlebt, daß die Hinwendung und die inneren Worte ankommen, gehört und verstanden werden und eine Antwort auslösen? Viele Menschen warten ihr ganzes Leben darauf, etwas Derartiges in Beziehung zu anderen Menschen zu erfahren. Und jetzt geschieht es in einem selbst.

Man kann sich so allen Teilen seines Körpers zuwenden. Dafür braucht man keine besonderen anatomischen Kenntnisse. Um zum Beispiel Darm oder Nieren anzusprechen, muß man nicht wissen, wie sie aussehen oder wie sie genau funktionieren. Es ist auch nicht nötig, einen deutlichen Eindruck oder ein Bild von den Organen zu haben. Man braucht nur zu sagen: »Darm, ich denke jetzt an dich.«

Genauso kann man mit Muskeln, Gelenken, Sinnesorganen, Gehirn, Blutkreislauf, Immunsystem, Körperenergien aller Art, wie auch mit Krankheiten, Blockaden oder Entzündungen umgehen. Man kann auch zu scheinbar so festen Teilen wie Knochen oder Zähnen sprechen und vielleicht merken, daß selbst sie reagieren. Ebenso kann man die vielen Fähigkeiten des Körpers, aber auch eine Behinderung, sowie Weichheit, Starre, Wärme oder Kälte wahrnehmen und ansprechen.

Unangenehme Körperzustände und Krankheiten erfahren

Es gibt Vorstellungen bei uns, die es einem schwierig machen, einfach so mit dem eigenen Körper umzugehen. Und zwar nicht nur, weil es als eigenartig oder verrückt gilt, sich auf sich selbst zu konzentrieren und dabei mit sich zu sprechen. Viele Menschen glauben nämlich, daß körperliche Krankheiten oder Störungen weitgehend oder vollständig von außen verursacht werden. Eine Krankheit soll durch Bakterien, Viren oder Schadstoffe entstehen. Man selbst hat wenig damit zu tun. Daß man krank wird, ist ein Zufall.

Bei dieser Einstellung empfindet man seine Krankheit auch dann nicht als eigenen Zustand, wenn sie sich deutlich in einem abspielt. Viele erleben sich als Opfer der Krankheit. Sie wollen nichts mit ihr zu tun haben und bekämpfen sie, um sie so schnell wie möglich wieder loszuwerden.

Natürlich gibt es Bakterien, Viren und Schadstoffe, die eine körperliche Krankheit auslösen können. Viele Menschen merken jedoch, daß sie gerade dann krank werden, wenn sie im Streß sind oder sich erschöpft fühlen. Darüber werden manchmal sogar Witze gemacht, und man sagt: »Ich gönne mir die Krankheit« oder: »Sie kommt zur rechten Zeit.« Im allgemeinen gesteht man das jedoch nicht ein, weil es als unmoralisch und als ein Zeichen von Schwäche gilt, wenn man »in eine Krankheit flüchtet«.

Man kann sich die Hinwendung zu einer Krankheit jedoch einfacher machen, wenn man daran denkt, daß viele Menschen denselben Bakterien oder Viren ausgesetzt sind, jedoch nicht alle daran erkranken. Das ist nämlich fast immer eine ganz individuelle Angelegenheit. Dabei spielt unser feinsinniges Immunsy-

27

stem die entscheidende Rolle. Unbewußt regulieren wir unseren körperlichen Zustand, indem wir unser Schutzsystem schwächen oder verstärken.

Daß wir zum Beispiel durch viele der bei uns üblichen Lebensgewohnheiten das Immunsystem beeinträchtigen, ist auch in der Medizin wohlbekannt. Wird man sich bewußt, daß Krankheit eine persönliche Sache ist, kann man beginnen, mit ihr sehr interessante Erfahrungen zu machen. Man nimmt sie dann als Teil von sich wahr, wendet sich ihr zu und sagt:»Krankheit, im Augenblick gehörst du zu mir.« Damit beginnt eine neue Art des Lebens mit sich selbst.

Viele unbewußte Menschen empfinden gerade das jedoch als sehr gefährlich. Sie glauben, danach nicht mehr gegen die Krankheit kämpfen zu können, und sie fürchten, daß das Leiden dauerhaft und übermächtig werden könnte.

Ich erlebe jedoch immer wieder mit, was wirklich geschieht. Denn zu mir kommen viele Menschen, denen es körperlich schlechtgeht. Häufig leiden sie an einer (schweren) Krankheit oder anderen unangenehmen körperlichen Symptomen wie Spannungen, Schmerzen, Blockaden, Schwäche, Erschöpfung oder Behinderungen.

Kaum jemand von ihnen hat bisher bewußt Kontakt zu sich selbst gehabt und mit sich gesprochen. So ermutige ich den Menschen, am Anfang der inneren Erfahrung wahrzunehmen, was er spürt. Meistens ist er aufgeregt und hat Angst. Ich sage dann: »Sprechen Sie doch einmal laut und direkt Ihre Aufregung an. Sagen Sie vielleicht: Aufregung, ich spüre dich.«

Wer das noch nicht kennt oder miterlebt hat, ist erst einmal überrascht oder erheitert. Denn es ist wirklich fremd und komisch. Aber dann probiert es fast jeder – mit Zögern – aus und merkt beim dritten oder vierten lauten Sprechen mit sich, daß es sich ganz gut anfühlt und daß er etwas ruhiger wird.

Häufig kommt dann das Herz laut und aufgeregt ins Bewußtsein. So ermutige ich zu sagen:»Herz, ich spüre dich«, weil ich aus vielen Erfahrungen weiß, welch ein Helfer das Herz sein kann, wenn man es in seine inneren Erfahrungen mitnimmt. Ich frage den Menschen also:»Wie fühlen Sie sich, wenn Sie an Ihr Herz denken? Ist es Ihnen vertraut oder fremd? Möchten Sie es besuchen?«

Dann kommen immer Gefühle auf. Manchmal Freude, oft aber auch Trauer oder Schuldgefühle, wenn dem Menschen jetzt bewußt wird, daß er zwar Sehnsucht nach seinem Herzen hatte, es aber eigentlich überhaupt nicht kennt und ihm nur wenig vertrauen kann. Ich bitte ihn zu sagen:»Trauer und Schuldgefühle, kommt mit zu meinem Herzen.«

Viele Menschen haben keinerlei Schwierigkeiten, ihr Herz zu sehen oder es sich vorzustellen. Aber nur selten sieht es anatomisch aus. Oft bietet es ein ganz anderes Bild: ein gemaltes rotes Herz, ein leuchtender Ball, eine dunkle Höhle, eine gepanzerte Gestalt, ein blutendes oder vernarbtes Herz oder eine mütterliche Frau. Dabei wird sofort klar, daß es nicht um die physische Ebene geht, sondern daß das Herz auch»im Geist« existiert und dort wahrgenommen werden kann.

Wenn von innen kein spontaner Eindruck des Herzens entsteht, sage ich, daß man es sich vorstellen kann. Denn auch Vorstellungen oder Einbildungen sind Geist und damit – für mich – innere Wirklichkeit. So kann man seine Phantasie spielen lassen oder sich an irgendein Bild des Herzens aus der Kunst erinnern, um mit seinem eigenen Herzen in Kontakt zu kommen.

Die Wahrnehmung des Herzens löst fast immer sehr viel aus. Oft führt es durch sein Aussehen direkt zu einem inneren Thema. Ist das Herz zum Beispiel gepanzert, zeigt es den großen Schutz, den man bisher vor seiner Weichheit und Zartheit aufgebaut hat.

Blutet es aus vielen Wunden, führt es einen zu den eigenen seelischen Verletzungen. Spricht man die an, erfährt man, daß sie nicht zuerst von außen gekommen sind, sondern daß man sich durch seine unbewußte Abwehr und seinen Mangel an Vertrauen selbst verletzt hat. Man begreift so die »Botschaft seines Herzens« und benutzt sie, um sich selbst näher zu kommen. Oft verändert sich das Herz in solchen Erfahrungen spontan, sieht plötzlich heil und gesund aus und freut sich. Danach ist es ganz einfach, das Herz innerlich zu berühren oder sich von ihm berühren zu lassen. So findet man die Nähe und Geborgenheit in sich, um die man sich vielleicht schon lange außen bemüht hat.

Man kann das Herz auch bitten, mit einem zu anderen Teilen des Körpers zu gehen, auch zum Beispiel zu einer Krankheit. Man kann spüren, wie man vom Herzen an die Hand genommen wird und mit ihm einen manchmal unvertrauten, dunklen und vielleicht bedrohlichen Weg durch den Körper geht. Man kann dabei seine Angst und vielleicht auch seine Schuldgefühle spüren, sie ansprechen und mitnehmen.

Manche kranken Organe sehen beklagenswert schwach und blaß aus. Damit kommt man zu seiner Schwäche, der man sagen kann: »Schwäche, ich spüre dich. Aber ich mag dich nicht.« Es wird einem bewußt, wie sehr man sich vor ihr zu schützen versucht, aber trotzdem zunehmend an Schwäche und Erschöpfung gelitten hat. Wenn man möchte, kann man sagen: »Schwäche, jetzt vertraue ich mich dir an. Mache mit mir, was du willst.« Da kommt Angst auf, weil man fürchtet, von der Schwäche zerstört oder lebensunfähig gemacht zu werden, wenn man sie nicht mehr unter Kontrolle hält.

Nachdem sich jemand seiner Schwäche so ausgeliefert hat, frage ich ihn: »Können Sie die Schwäche ertragen?« Er sagt: »Ich warte noch darauf, was sie mit mir machen wird.« Nach einer Weile sage ich: »Sie haben Sich eben Ihrer Schwäche ausgeliefert, sie hätte alles mit Ihnen machen können. Vielleicht ist sie ja so harmlos, wie Sie sie jetzt spüren.« Der Mensch ist über die Ruhe, die er jetzt empfindet, ziemlich überrascht, weil er etwas ganz anderes erwartet hatte. Dann freut er sich darüber. Er hat durch seine Schwäche den inneren Frieden gefunden, um den er sich manchmal so sehr bemüht hatte. Das kann durchaus ein Thema der Krankheit sein, die man gerade mit seinem Herzen besucht.

Leiden oder Krankheit ist für mich vor allem ein Mangel an Vertrauen zu sich selbst und zum eigenen irdischen Leben. Denn ich erlebe oft mit, daß jemand durch eine Krankheit zu den Gefühlen oder inneren Energien kommt, die er bisher unbewußt abgelehnt und bekämpft hat. Das können auf der einen Seite Weichheit, Schwäche oder Hilflosigkeit sein, auf der anderen Seite jedoch auch Wut, Aggression oder Haß, die bei uns als sehr negativ und schlecht angesehen werden.

Viele »zartbesaitete« Menschen glauben wirklich, daß sie diese kraftvollen Gefühle nicht haben dürfen und sie durch eine »richtige« Einstellung auch nicht mehr zu haben brauchten. Sie spüren dann nichts mehr von den bedrohlichen Energien, die aber unbewußt ständig unter Kontrolle gehalten werden. Die Menschen leben in der Illusion, nur noch liebevoll und nicht mehr aggressiv zu sein.

Oft macht dann der Körper auf diese unterdrückten Gefühle aufmerksam. Entweder zeigt er Blockaden, Hemmungen und Durchblutungsstörungen, oder aber er entwickelt Entzündungen, Wucherungen und Verkapselungen.

Sich einer körperlichen Krankheit zuzuwenden führt immer nach innen. Deswegen haben wohl so viele Menschen große Angst, sich einer Krankheit innerlich zu öffnen. Es geht ums eigene »Eingemachte«.

Für mich ruft eine Krankheit laut und unüberhörbar, um auf Vorgänge in der inneren Welt aufmerksam zu machen. Hat der Mensch den Mut, sich seinem Leiden zuzuwenden, mit ihm zu sprechen und es als Teil von sich zu erfahren, kommt er in einen intensiven und oft sogar beglückenden Kontakt mit sich selbst. Solche Erfahrungen verändern die Einstellung zu Krankheit und Leiden ganz grundsätzlich.

Ein Kontakt zu einer Krankheit entsteht genauso einfach wie zu allem anderen Inneren. Kommt man – mit Angst und Trauer – zu einem kranken Organ, kann man sagen: »Krankheit, ich spüre dich. Ich mag dich zwar nicht, aber im Augenblick gehörst du wohl zu mir.« Mit diesen wenigen Worten entsteht eine direkte Beziehung. Daraus folgen meistens weitere innere Erfahrungen. Vielleicht wird man wieder traurig und wendet sich der Trauer zu. Vielleicht kommen danach Erinnerungen an Lebenssituationen oder andere Menschen auf, die einen stark berühren. Man denkt zum Beispiel an die Mutter, die in der Kindheit kühl und lieblos mit einem umgegangen ist. Auch sie kann man laut und direkt ansprechen und sagen: »Mutter, ich fühle deine Kühle und Lieblosigkeit. Ich bin traurig, daß du mich nicht annehmen konntest.« Man beginnt zu weinen und merkt, daß man versucht, seine Trauer schnell wieder unter Kontrolle zu bringen. Man kann sagen: »Kontrolle, du gehörst auch zu mir. Du bist sogar ein großer Teil von mir.« Dabei wird einem bewußt, wie kühl und lieblos man bisher mit manchen der eigenen Gefühle umgegangen ist. So sagt man traurig: »Lieblosigkeit, du gehörst wohl auch zu mir.«

Erinnert man sich jetzt an die Mutter, wird einem bewußt, daß sie sich innerlich auch nicht gut kannte und vielen ihrer eigenen Gefühle nicht vertrauen konnte. Sie hat sich durch Kühle und Lieblosigkeit nach innen und außen geschützt. Man bemerkt – mit Erschrecken –, daß man der Mutter sehr ähnlich ist. Auch wenn man nie so sein wollte wie sie, kann man sich jetzt den Mut nehmen zu sagen: »Mutter, ich schütze mich vor mir selbst, wie du dich vor dir schützt. Ich merke, daß wir uns ähnlich sind.«

Das führt zu einer großen Erleichterung, die man auch ansprechen kann: »Erleichterung, ich freue mich über dich.« Man spürt, daß man jetzt nicht mehr darauf warten muß, daß einen die Mutter endlich annimmt und liebt. Die Hinwendung zur eigenen Lieblosigkeit und die daraus entstehende Erleichterung machen Hoffnung, daß man in Zukunft anders mit sich umgehen darf. Man kann sich selbst kennenlernen und sich vertrauen und lieben lernen.

Erinnert man sich daran, daß alles das in der Begegnung mit der Krankheit geschehen ist, kann man sagen: »Krankheit, ich danke dir, daß du mich so intensiv nach innen gebracht hast.«

Solche Erfahrungen erlebe ich sehr oft mit. Manchmal reicht eine einzige innere Erfahrung aus, um Symptome spontan oder nach einiger Zeit leichter werden oder verschwinden zu lassen. Bei anderen Menschen ändert sich die Krankheit nicht, sondern führt zu weiteren Erfahrungen mit neuen, unvorhersehbaren Themen. Das kann sich über eine längere Zeit hinziehen und sehr mit sich und diesem inneren Weg vertraut machen.

Bei wenigen, die ich begleitet habe, verschlechterte sich die schwere Krankheit trotz aller ärztlichen und therapeutischen Bemühungen im Laufe der Zeit. Dann ermutige ich den Betroffenen, sich durch innere Erfahrungen auf seinen Tod vorzubereiten. Was mit einem geschehen wird, kann man nicht vorhersehen und auch nicht erzwingen. Die innere Beziehung zur Krankheit hindert einen nicht, das medizinisch Notwendige zu tun. Man kann sich behandeln und operieren lassen. Alles geschieht bewußter und oft in größerem innerem Einklang. Der Kranke erlebt sich selbst und wird vertrauter mit sich. Das trägt ihn auch dann, wenn er an seiner Krankheit stirbt. Denn man kann mit mehr Vertrauen zu sich selbst viel besser leben, man kann jedoch auch in Frieden sterben, wenn es soweit ist.

Achtsamer mit dem Körper leben

Man muß keineswegs erst warten, bis es einem schlechtgeht, um mit sich in Kontakt zu kommen. Der physische Körper ist ja ständig ganz deutlich. Wenn man nur ein bißchen aufmerksamer lebt, kann man sehr viele Erfahrungen mit ihm machen.

Ich finde es beglückend, mich zum Beispiel beim Gehen, beim Treppensteigen oder beim Tragen zu spüren. Zu merken, wie beim Gehen der Fuß aufsetzt, belastet wird, sich verbiegt, wie die Waden- und Oberschenkelmuskeln sich anspannen und wieder loslassen. Und dabei auch daran zu denken, daß an diesem Vorgang Millionen von Zellen, viele Nerven, Blutgefäße, Gelenke und Knochen beteiligt sind. Das kann zu einem Augenblick der Ehrfurcht und der Freude werden. Und es fällt nicht schwer, dem Körper zu danken.

Es wird einem nämlich unweigerlich bewußt, wie viele Teile und Organe im Körper wunderbar funktionieren, selbst wenn es einigen anderen nicht gutgeht. Auch in einem ziemlich kranken Menschen arbeitet der größte Teil aller Organe Tag und Nacht und hält ihn am Leben. Anstatt sich darüber zu freuen und es dem Körper zu sagen, konzentrieren sich die meisten nur auf das

Leiden und versuchen, dagegen zu kämpfen, um es zu überwinden. Damit rückt das Leiden so weit in den Mittelpunkt, daß alles andere kaum noch wahrgenommen wird.

Die meisten westlichen Menschen schätzen die vielen selbstverständlichen Fähigkeiten ihres Körpers selten oder nie. Sie werden sich ihrer erst bewußt, wenn sie durch Krankheit, Unfall oder Operation beeinträchtigt worden oder verlorengegangen sind. Dann sind die Betroffenen unzufrieden, hilflos und sauer. Sie versuchen, ihren Körper wieder in denselben »guten« Zustand zu bringen, den sie vorher nie bewußt wahrgenommen und geschätzt haben.

Geht man achtsamer mit seinem Körper um, merkt man bald, daß er darauf reagiert. Und zwar nicht nur spontan im Augenblick der Hinwendung, sondern auch langfristig. Er wird spürbarer, lebendiger und fähiger. Es ist wie bei einem Menschen, der sich entfalten kann, wenn er sich wahrgenommen und angenommen fühlt.

Erlebt man, daß sogar Zähne, Knochen und Gelenke auf die Hinwendung reagieren, ahnt man, daß der Körper wohl nicht nur schwere und undurchlässige »Materie« ist. Von der Naturwissenschaft wissen wir ja, daß es Materie nicht so gibt, wie man es sich oft vorstellt. Alles ist Energie. So kann einem bewußt werden, daß der eigene Körper auch in seinen scheinbar festen Bestandteilen (veränderliche) Energie ist, die sich nicht grundsätzlich von den Energien der Gefühle und des Geistes unterscheidet. Damit kann man einen ganz anderen Zugang zum Körper (und zur äußeren physischen Welt) gewinnen.

Ahnt oder weiß man, daß die dichteren Energieebenen aus den feineren geschaffen werden, kann man seinen Körper als Geschöpf des eigenen Geistes wahrnehmen. Und da er nicht dauerhafte Materie ist, sondern lebendige Energie, müssen wir ihn in jedem Augenblick neu schaffen. Daß er seine Form längerfristig beibehält, liegt am eigenen – meistens unbewußten – inneren Wunsch, als Mensch mit allen seinen Bedingungen auf der Erde leben zu wollen. Das ist eine Anschauung, die zum Beispiel den meisten Geistheilern selbstverständlich ist. Ich habe mit einigen von ihnen gesprochen, um ihre Vorstellungen über den menschlichen Körper zu begreifen, soweit man sie durch Worte mitteilen kann. Viele der Heiler haben die Fähigkeit, durch die physische Ebene des Körpers »hindurch« zu sehen oder zu spüren. Sie erkennen die Energien, die den Körper bedingen, und nehmen deren Fließen oder die Hemmungen wahr. Geistheiler haben die Fähigkeit, durch ihren eigenen Geist in diese Energien einzugreifen, um zum Beispiel Blockaden aufzulösen. Geschieht das, folgt der physische Körper sofort oder im Laufe der Zeit den jetzt fließenden Kräften und wird normaler und gesünder.

Jeder wirkliche Heiler sagt jedoch immer, daß er nichts bewirken kann, was der Seele nicht entspricht. Mutet sich der Mensch innerlich – und fast immer ganz unbewußt – zu, mit seiner Krankheit weiter Erfahrungen zu machen und vielleicht sogar an ihr zu sterben, kann der Heiler tun, was er will, er wird nichts Wesentliches bewirken.

Die Vorstellung vom Körper als Geschöpf des eigenen Geistes verändert ganz wesentlich die Beziehung zu ihm. Man sieht und erfährt ihn als einen lebendigen und veränderlichen Teil, der in allen seinen Zuständen und Vorgängen zu einem gehört. Damit kann man alles auf sich selbst beziehen, was er einem deutlich macht. Und das sind nicht nur unangenehme Symptome, sondern auch die vielen Fähigkeiten und Möglichkeiten, die er einem für das irdische Leben bietet.

Ich empfinde es als geradezu abenteuerlich, mir den Körper als Energie vorzustellen, die ich in jedem Augenblick so organisiere, wie ich es mit meinen leiblichen Sinnesorganen wahrnehme. Ich spüre dann, daß ich die Freiheit habe, meinen Körper zu verändern, wenn ich es möchte. Das geschieht jedoch nicht vor allem durch meinen Willen, sondern durch mein Verhältnis zu meinem Leben. Der Körper »erzählt« mir Geschichten von meinem Vertrauen und von meinem Mangel an Vertrauen.

Ich lebe nun schon einige Jahre sehr bewußt mit meinem Körper, nachdem ich ihn jahrzehntelang vergessen und sogar ziemlich schlecht behandelt hatte. Ich spüre ihn häufig, spreche mit ihm und bin oft sehr dankbar dafür, daß er sich wohl fühlt. Er ist so gesund, wie er vor Jahren nicht mehr war. Ich weiß, daß er mir damit mein in den vergangenen Jahren stark gewachsenes Vertrauen deutlich macht.

Damit ist nicht alles Leid verschwunden. Ich habe manchmal Schmerzen, auch kleinere Entzündungen, und von Zeit zu Zeit bin ich erschöpft. Diesen Zuständen verweigere ich mich nicht mehr, sondern spreche auch mit ihnen und lasse sie zu. Und einer Erschöpfung gebe ich so weit nach, wie es mir im Augenblick möglich ist.

Im ganzen lebe ich jedoch in einer beglückenden Beziehung zu meinem Körper, der mir viele Möglichkeiten für mein irdisches Leben schenkt, an die ich früher nicht zu denken gewagt hätte.

Mit meiner Einstellung stehe ich wohl im Widerspruch zu den bei uns üblichen Anschauungen. Denn die herkömmliche Medizin sieht den Körper als etwas Materielles und Eigenständiges an, dessen Zustände und Symptome weitgehend physisch verursacht werden und nur physisch verändert werden können. Obwohl die Physik alles als Energie definiert, glaubt kaum ein Arzt, daß ein Knochenbruch in Minuten zusammenwachsen und ein Krebsknoten sich spontan auflösen kann. Ich habe das aber schon mehrfach miterlebt. Ich weiß, daß jeder bei uns solche Erfahrungen (mit)machen kann, wenn er offener und neugieriger mit sich und der Welt umgeht.

Innere Erfahrungen mit Gefühlen

Im Kontakt mit dem Körper können – wie oben geschildert – alle möglichen Gefühle aufkommen: Trauer oder Freude, Hilflosigkeit oder Wut, Offenheit oder Verschlossenheit, Angst oder Vertrauen. Man kann weiterhin den Körper spüren und sich gleichzeitig den Gefühlen zuwenden, sie wahrnehmen und ansprechen. So erfährt man, daß Körper und Gefühle eine enge Beziehung haben.

Das ist jedoch nur eine von vielen Möglichkeiten, zu seinen Gefühlen zu kommen. Denn Gefühle berühren einen fast ununterbrochen. Manchmal fühlt man sich wohl, manchmal unbehaglich, dann wieder hat man Angst oder wird traurig. Es ist eine bunte, vielfältige Energie, die ständig in einem fließt, aber nur selten deutlich ins Bewußtsein kommt, weil kaum jemand daran gewöhnt ist, achtsam mit sich zu leben.

Dieser unbewußte Umgang führt oft zu Vorstellungen und Verhaltensweisen, die es einem ziemlich schwer machen, sich den eigenen Gefühlen zuzuwenden.

Gute und schlechte Gefühle

Was man nicht wirklich kennt, belegt man meistens mit Vermutungen und Bewertungen. Das gilt bei uns ganz besonders für Gefühle. So glauben fast alle westlichen Menschen, daß es positive (gute) und negative (schlechte oder böse) Gefühle gibt.

Von vielen »Autoritäten« wie Therapeuten, Priestern, Politikern, Schriftstellern und Filmemachern wird dieses Klischee ständig verbreitet:»Gute« Gefühle sind Freude, Glück, Zufriedenheit, Liebe, Geborgenheit.»Schlechte« Gefühle sind Trauer, Hilflosigkeit, Angst, Depression, und »böse« Gefühle sind Wut, Haß und Aggressivität. Das weiß doch jeder!

Somit gilt es, die negativen Gefühle unter Kontrolle zu bringen und zu halten, um sie irgendwann zu erledigen und zu beseitigen. Die positiven Gefühle müssen dagegen gewonnen, gefördert und erhalten werden.

Also versucht man, in Beziehungen zu anderen Menschen nur die guten Gefühle zu leben und die schlechten zu vermeiden. Gibt es zum Beispiel Ärger, ist es für alle Beteiligten unerträglich.

Daher versuchen viele Erwachsene, Kinder vor den schlechten und bösen Gefühlen zu bewahren. Man zeigt nicht, wenn man selbst traurig, ängstlich, hilflos oder gar wütend ist. Und man dämpft oder tröstet das Kind, wenn es solche Gefühle hat.

Kommen Gefühle von außen?

Nach den bei uns herrschenden Vorstellungen ist die physische Welt die einzige Realität. Daher soll es für fast alle inneren Zustände und Vorgänge äußere Ursachen geben:

• Die lieblose Mutter verhindert, daß das Kind Vertrauen zum Angenommensein und zur Geborgenheit gewinnt und später als Erwachsener liebevoll mit sich und anderen umgehen kann.
• Der strenge Vater verursacht einen lebenslangen Druck, dem man sich nie mehr entziehen kann.
• Der liebevolle Ehepartner schenkt einem Geborgenheit, die leider verlorengeht, wenn er nicht mehr da ist.
• Fernsehnachrichten über einen Bürgerkrieg verursachen große Angst und Hilflosigkeit, die einen zerrütten können, wenn man sich nicht vor ihnen schützt.

Glaubt man die Ursachen für die eigenen Gefühle außen, kann man sie auch nur dort beeinflussen. Man muß demnach bei unangenehmen Gefühlen versuchen, die äußeren Bedingungen so zu verändern, daß man nicht mehr unangenehm berührt wird.

Leidet man zum Beispiel am früheren Verhalten der Mutter, muß man sich mit ihr auseinandersetzen, solange sie noch lebt. Man muß versuchen, sie zu verstehen, und klärende Gespräche mit ihr führen, in der Hoffnung, daß sie einsieht, was sie alles falsch gemacht hat, und dann ihre Meinung über ihr Kind ändert. Man hofft, daß sie endlich sagt: »Ich nehme dich so an, wie du bist. Ich liebe dich.«

Äußere Umstände, in denen man sich wohl fühlt, muß man aufrechterhalten oder wiederfinden. Man besucht immer wieder eine angenehm wirkende Landschaft, um sich zumindest eine gewisse Zeit wohl zu fühlen. Ist man nicht mehr dort, wird man schon ein bißchen traurig.

Durch derartige Vorstellungen entsteht eine sehr große Abhängigkeit von anderen Menschen und äußeren Dingen. Man kann sich zum Beispiel jahrzehntelang mit der Mutter auseinandersetzen, um verzweifelt zu erleben, daß sie sich nicht ändert, nichts einsieht und nie die ersehnten liebevollen Worte spricht. In der ganzen Zeit ist man abhängig vom Verhalten der Mutter und verbeißt sich regelrecht in diese Beziehung. Ist sie freundlich, geht es einem besser. Ist sie uneinsichtig, leidet man. Stirbt die Mutter ohne Klärung der Probleme, geht es einem ganz schlecht, weil man glaubt, alle Möglichkeiten endgültig verloren zu haben.

Kaum jemand bemerkt dabei, daß er die ganze Zeit bei sich ist und daß es – fast ausschließlich – um die Beziehung zu sich selbst geht.

Wirken Gefühle nach außen?

Glaubt man, daß die eigenen Gefühle weitgehend von außen verursacht werden, dann sieht man ihre Wirkungen ebenfalls vor allem außen:

● Die eigene Liebe richtet sich auf einen anderen Menschen und macht ihn glücklich und zufrieden.
● Die eigene Trauer ist die Ursache für das Unbehagen beim anderen und belastet ihn. Man sollte ihn deswegen davor bewahren.
● Die böse Wut führt häufig dazu, daß man verbal oder tätlich auf jemanden losgeht und ihn seelisch oder körperlich verletzt. Sie sollte daher ständig unter Kontrolle gehalten werden. Und man sollte sich bemühen, sie endgültig zu überwinden.

Daher leben fast alle bei uns mit einer – meistens unbewußten – ewigen inneren Bewertung: Ist das, was da in mir aufkommt, gut oder schlecht? Sollte ich es anderen zeigen, darf ich es zulassen, muß ich es unter Kontrolle bringen?

Viele Menschen funktionieren wie Automaten und nehmen solche inneren Vorgänge überhaupt nicht mehr wahr. Sie wundern sich vielleicht darüber, daß ihr Kopf so unruhig und ständig überlastet ist, daß sie sich häufig unter Druck spüren und daß es im Körper soviel Unruhe, Blockaden und manchmal Schwäche und Erschöpfung gibt.

Da auch alles das »negative« Vorgänge sind, werden sie ebenso automatisch unter Kontrolle gebracht und vertiefen das chronische Unbehagen weiter.

Gefühle als eigene innere Vorgänge

Es ist unbestritten, daß viele Gefühle in uns durch äußere Vorgänge ausgelöst werden und auch nach außen ihre Wirkungen haben. Aber die äußere Welt ist nicht die Ursache für die eigenen Gefühle, und sie ist auch nicht die erste Adresse, an die sich die eigenen Gefühle wenden.

Fühlt man sich zum Beispiel bei einem liebevollen Menschen wohl, dann erlebt man seinen eigenen inneren Zustand. Der liebevolle Mensch berührt einen so stark im eigenen Wohlbefinden, daß man es deutlich spüren kann. Nimmt man Kontakt dazu auf und sagt:»Wohlbefinden, ich freue mich über dich«, wird eindeutig, daß es in einem selbst ist.

Wenn man das weiß, kann man sein Wohlbefinden auch dann in sich spüren, wenn der liebevolle Mensch nicht mehr in der Nähe ist.

Genauso ist es mit den unangenehmen Gefühlen. Erinnert man sich an die Lieblosigkeit der eigenen Mutter, berühren einen vielleicht Trauer, Enttäuschung und Wut. Spricht man diese Gefühle an, bemerkt man, daß man sie bisher nicht mochte und ziemlich gewaltsam und lieblos mit ihnen umgegangen ist. Damit ist man bei seiner eigenen Lieblosigkeit und kann sagen:»Lieblosigkeit, du bist wohl auch ein Teil von mir.«

In einer solchen Erfahrung wird dem Menschen meistens bewußt, daß er seiner Mutter sehr ähnlich ist. Wie er selbst hatte auch die Mutter wenig Vertrauen zu manchen ihrer Gefühle und schützte sich mit Abwehr und Lieblosigkeit vor ihnen. Dabei wirkte sie auch nach außen abweisend und kühl. Das Kind hat das jedoch als persönliche Ablehnung und Lieblosigkeit empfunden und entsprechend daran gelitten.

Sich eines solchen Vorganges bewußt zu werden ist sehr erleichternd. Man sieht die Mutter mit ihren Grenzen und ihrem Leiden. Und man spürt, daß man die eigene Beziehung zu sich selbst klären kann, ganz unabhängig davon, ob die Mutter noch da ist und wie sie sich heute verhält. Man kann nämlich seine Lieblosigkeit benutzen, um sich mit den eigenen Gefühlen vertrauter zu machen, gegen die man sich bisher unbewußt gewendet hat.

Im folgenden mache ich das noch einmal am Beispiel einer inneren Erfahrung mit der Wut deutlich. In einer Einzelreise begleite ich (I) einen Mann (M).

Im Laufe seiner inneren Erfahrung wird er auf seinen Vater wütend. Er erinnert sich an seine Kindheit, in der sein Vater autoritär aufgetreten und manchmal streng und hart mit ihm umgegangen ist. Jetzt spürt er seine Wut, die ihm jedoch sehr unangenehm ist.

I: Woran denkst du, wenn du merkst, daß du auf deinen Vater wütend bist?

M: Eigentlich ist das ja alles schon lange her. Ich habe mich schon oft mit ihm auseinandergesetzt. Ich habe ihm auch verziehen. Ich muß also gar nicht mehr wütend auf ihn sein. Und ich will mich auch nicht immer wieder so mit ihm beschäftigen.

I: Versuche doch, deine Wut wahrzunehmen und ihr zu sagen, daß du sie spürst.

M: Wut, ich spüre dich. Ich mag dich aber nicht.

I: Wie sieht dein Vater aus, wenn du dich so an ihn erinnerst?

M: Er ist streng und abweisend.

I: Kannst du ihm jetzt laut und direkt sagen, daß du auf ihn wütend bist?

M: Ich habe Angst davor. Er könnte auch wütend werden.

I: Willst du trotzdem versuchen, ihm zu sagen, wie du dich bei ihm fühlst, damit er dich einmal so wahrnimmt, wie du bist? Du könntest sagen: Vater, ich habe Angst vor dir, und ich bin wütend auf dich.

M: *(Zögernd:)* Vater, ich bin wütend auf dich.

I: *(Nach einer Pause:)* Wie verhält er sich, wenn du so zu ihm sprichst?

M: Er guckt böse. Er ist auch wütend. Jetzt habe ich Angst.

I: Dann sage ihm das auch.

M: Vater, ich habe große Angst vor dir.

I: Was möchtest du ihm noch sagen oder mit ihm machen, wenn du ihn so erlebst?

M: Ich möchte ihm in die blöde Fresse schlagen.

I: Dann tue es.

M: Aber er ist stärker als ich. Wenn er auf mich losgeht, habe ich keine Chance.

I: Bitte deine Angst mitzukommen, und dann machst du mit deinem Vater, was du willst. Auch wenn er auf dich losgeht. Was machst du mit ihm?

M: Ich schlage ihm in seine Fresse.

I: Wie fühlst du dich dabei?

M: Sehr gut. Ich schlage immer wieder zu. Ich bin total wütend. – Du altes Arschloch, das hast du jetzt davon. – Ich könnte ihn totschlagen.

I: Wenn du möchtest, kannst du das auch tun. – Wie verhält sich dein Vater, wenn du so mit ihm umgehst?

M: Komisch, er wehrt sich gar nicht. Er ist ganz schlaff. Er läßt sich einfach verprügeln.

I: Wie fühlst du dich dabei?

M: Ich wundere mich. Ich kann nicht mehr schlagen. Er sieht erbärmlich aus. Ich bin plötzlich ganz traurig.

I: Kannst du deine Trauer zulassen und ihr das sagen?

M: Trauer, ich lasse dich zu.

I: Wie verhält sich dein Vater, wenn er dich so traurig erlebt?

M: Er ist auch traurig. Er weint. So habe ich ihn noch nie gesehen.

I: Kannst du ihm sagen, daß er traurig sein kann und daß du es auch bist?

M: Vater, du kannst auch traurig sein.

I: Willst du ihn mal berühren oder in die Arme nehmen, so wie er da ist?

M: Das macht mir doch wieder angst. Ich kann ihn am Arm berühren.

I: Wie fühlt er sich an?

M: Er wehrt sich nicht. Er berührt mich auch. Ich glaube, es gefällt ihm.

I: Wie fühlst du dich jetzt?

M: Ich bin erleichtert.

I: Willst du das deinem Vater sagen?

M: Vater, ich bin erleichtert. Ich freue mich, daß du mich spürst und mich auch berührst.

I: Wie verhält er sich jetzt?

M: Er nimmt mich in die Arme, wie er es noch nie getan hat. Er ist ganz stark, aber auch ganz warm und weich. Ich fühle mich wohl.

I: Willst du ihn fragen, ob er in dir ist? Ob er dein innerer Vater ist, der dich in den Armen hält?

M: Er sagt ja. Er lächelt. Er sagt, daß er schon lange auf mich gewartet hat. Er freut sich. Ich bin glücklich.

I: Frage ihn, ob er schon immer in dir war, auch wenn du ihn so noch nie gespürt hast.

M: Er sagt ja.

I: Frage ihn doch auch, ob er dich schon dein Leben lang geliebt hat, so wie du warst. Auch mit deinen Grenzen und Problemen.

M: Er sagt: Ja, ja, ja.

I: Spüre, daß du in dir bist.

Diesen inneren Vater hast du bisher immer mit deinem leiblichen Vater verwechselt, der in manchem sicher wenig Vertrauen zu sich hatte und sich durch Strenge und Wut vor allem vor sich selbst geschützt hat. Vor seiner Weichheit, Zartheit und sicher auch vor seiner Angst und Hilflosigkeit.

Ich nehme an, daß ihr euch darin ähnlich seid. Das hast du dir wahrscheinlich bisher nicht zugestehen können.

Und jetzt hat dich deine Wut nach innen gebracht, zu deinem inneren Vater. Du kannst dich mit ihm vertrauter machen und wirst bald wissen, wie er wirklich ist.

Wenn du möchtest, frage doch deinen inneren Vater auch noch, ob er sauer auf dich ist, daß du eben in deiner Wut auf ihn losgegangen bist.

M: Er lächelt. Er sagt, daß die Wut die Barriere zu mir selbst durchbrochen hat. Er sagt, daß er mich auch in meiner Wut liebt und daß sie in mir keinen Schaden anrichtet.

Aus sehr vielen Erfahrungen mit kraftvollen Gefühlen wie Wut, Aggression, Haß und Gewalt weiß ich, daß es – im Gegensatz zur äußeren Welt – im Inneren keine Grenzen gibt, vor denen man haltmachen müßte. Eine Moral gibt es dort nicht, trotz der vielen wertenden Vorstellungen, die bei uns selbstverständlich sind.

Man darf seine Wut frei fließen lassen und im Inneren mit ihr machen, was man will, auch wenn sie noch so »übel« ist.

Auf der anderen Seite kann man sich genauso jeder inneren Bedrohung durch Aggression oder Gewalt ausliefern, ohne dabei geschädigt oder zerstört zu werden.

Derartige Erfahrungen lösen sehr großes Selbstvertrauen aus, so daß man anschließend mit weniger Angst und Schutz nach innen und außen leben kann. Solche kraftvollen und bedrohlichen Gefühle verschwinden jedoch nicht endgültig, sondern berühren einen immer wieder, fühlen sich aber dann wesentlich vertrauter an. Durch die Wut lernt man oft etwas kennen, wonach man Sehnsucht hatte, dem man aber innerlich nicht näherkommen konnte.

In der äußeren Welt muß natürlich jede Gesellschaft Gewalt verbieten und sie unter Kontrolle zu bringen versuchen. Niemandem darf gestattet werden, Menschen und andere Bewohner der Erde zu schädigen oder zu zerstören.

Es ist jedoch verhängnisvoll, daß man äußere Gewalttaten als Ergebnisse von Wut, Aggression oder Haß ansieht und die Menschen drängt, diese Gefühle auch innen unter Kontrolle zu halten. Geht jemand gewaltsam auf einen anderen los, ist nicht die Wut die Ursache für diese Gewalttat, wie man bei uns glaubt. Sondern der aggressive Mensch erlebt etwas in sich selbst, was ihn sehr ängstigt oder ganz hilflos macht. Unbewußt schützt er sich – mit aller Gewalt – im eigenen Inneren vor diesen Gefühlen, weil er glaubt, daß sie ihn schwach und verletzlich machen könnten.

Werden Angst und Hilflosigkeit durch das Verhalten eines anderen Menschen ausgelöst, wird dieser unbewußte Schutzmechanismus aktiviert. Der Betroffene kämpft dabei nicht nur innerlich gegen seine bedrohlichen Gefühle, sondern versucht auch noch, die scheinbar äußere Ursache zu beseitigen. Er geht auf den anderen los und versucht, ihn verbal oder körperlich dazu zu bringen, sich so zu verhalten, daß Angst und Hilflosigkeit nicht mehr zu spüren sind. Im schlimmsten Fall führt das zur Gewalttat oder gar zum Mord.

Das ist nicht ein Ergebnis der Wut, sondern es geschieht, weil der Gewalttäter keine Beziehung zu seinen eigenen Gefühlen hat. Wäre er mit seiner Angst und Hilflosigkeit vertrauter, brauchte er sich weder innen noch außen mit Gewalt vor ihnen zu schützen. Ein Gewalttäter ist nie stark, wie er glauben machen will, sondern er hat Angst und fühlt sich bedroht.

Aus meiner Sicht ist ein großer Teil des menschlichen Leidens in einem solchen unbewußten Umgang mit den eigenen Gefühlen begründet. Die üblichen Bewertungen und die zwanghaften Versuche, nur die guten Gefühle zu leben und die schlechten zu beseitigen, führen zu tiefen inneren Trennungen, die man geradezu als Persönlichkeitsspaltungen bezeichnen kann.

Und der Glaube, daß die Ursachen außen liegen, führt zu einer großen Abhängigkeit von den äußeren Umständen. Dann bemüht man sich individuell oder kollektiv, das Äußere so zu gestalten, daß man sich nur noch wohl und glücklich fühlt. Man manipuliert – mit den besten Absichten – den eigenen Körper, andere Menschen und sogar die ganze Natur, bis man kaum noch lebensfähig ist.

Innere Erfahrungen mit geistigen Ebenen

Die Hinwendung zu den geistigen Ebenen ist genauso einfach wie zum Körper oder zu den Gefühlen. Es geht darum, einen Gedanken, eine Erinnerung oder eine Vorstellung wahrzunehmen, einen Tagtraum zu spüren oder sich einer Bewertung bewußt zu werden.

Merkt man zum Beispiel, daß man sich gerade Sorgen macht, kann man sich ihnen zuwenden und laut oder leise sagen:»Sorgen, ich spüre euch. Ich mag euch aber nicht.« Vielleicht erlebt man dann, daß die Sorgen durch eine kleine Freude oder einen Augenblick der Ruhe reagieren. Mehr muß man nicht tun. Es ist wieder nicht nötig, das Wahrgenommene zu verändern oder es verstehen zu müssen.

Beginnt man, bewußter mit seinem Geist zu leben, kann man

sich nur wundern. Was denken wir nicht alles in kurzer Zeit! Fast alles, was wir um uns herum oder in uns wahrnehmen, begleiten wir – meistens ganz unbewußt – mit inneren Kommentaren und mit Be- und Verurteilungen. Damit lösen wir Gefühle aus, die ebenfalls unbewußt entweder angenehm oder unangenehm in uns rumoren. Außerdem treffen wir ununterbrochen Entscheidungen, die wir in die Tat umsetzen. Beim Autofahren zum Beispiel macht der Körper eine Vielzahl von Bewegungen, zu denen wir uns, je nach der Verkehrssituation, im Geist entschlossen haben. Selbst wenn der Körper automatisch zu funktionieren scheint, er ist von unseren inneren Entscheidungen gesteuert. Das geschieht auch in Bruchteilen von Sekunden, wenn wir in Gefahr kommen und durch ein Fahrmanöver darauf reagieren. Denn die Sinnesorgane liefern uns ständig Eindrücke und Reize, die wir in uns verarbeiten.

Ähnlich ist es mit der »Automatik« unserer Gefühle. Da ist zum Beispiel ein äußerer Reiz, den wir wahrnehmen und geistig verarbeiten. Dabei fassen wir den Entschluß, mit einem Gefühl zu reagieren. Das geht blitzschnell und bei fast allen Menschen ganz unbewußt. So hat man die Vorstellung, daß das Gefühl von außen kommt und nichts mit einem zu tun hat. Ist das Gefühl unangenehm und unvertraut, entscheidet man sich ebenso schnell und unbewußt, es sofort unter Kontrolle zu bringen.

In solchen Erfahrungen wird ganz deutlich, daß Körperreaktionen und Gefühle im eigenen Geist veranlaßt und gesteuert werden: Er schöpft und formt die eigenen dichteren Ebenen.

Leider ist es bei uns jedoch immer noch ganz unüblich, bewußte persönliche Erfahrungen mit dem eigenen Geist zu machen. Würde man den Geist auch als »Realität« und sogar als »Ursachen-Ebene« ansehen, wäre es viel leichter, sich bewußter mit ihm zu beschäftigen.

Solange man das nicht tut, erlebt man immer wieder viele unerklärliche und häufig unerwünschte Verhaltensweisen von einzelnen oder ganzen Gruppen. Man kann sie häufig nicht ändern, weil man an die eigentlichen Ursachen in den Gedanken und Vorstellungen der beteiligten Menschen nicht herankommt.

Gedanken erleben

In jedem gibt es ständig geistige Aktivitäten. Man denkt zum Beispiel an etwas Schwieriges, was man noch zu erledigen hat, und spürt Streß. Oder man denkt an einen geliebten Menschen und freut sich. Oder man plant den Einkauf von Lebensmitteln und empfindet keine Gefühle. Oder man liest in der Zeitung von einem Autounfall, befürchtet, daß einem selbst so etwas auch geschehen könnte, und hat Angst.

Solche inneren Vorgänge werden jedoch nur selten wahrgenommen, weil man gleichzeitig vieles andere macht: geht oder Auto fährt, arbeitet, Radio hört oder Fernsehen sieht, ißt und trinkt. Bemerkt man seine Gedanken jedoch, weil sie vielleicht besonders starke Gefühle auslösen, empfindet man sie oft als lästig und überflüssig und ärgert sich über sie.

Gedanken kommen quälend ins Bewußtsein, wenn man sich nicht von ihnen lösen kann. Man macht sich zum Beispiel wegen etwas große Sorgen. Gleichzeitig glaubt man jedoch, daß man sich eigentlich gar keine Sorgen zu machen brauchte. Man versucht, die Sorgen loszulassen oder sie zu überwinden. Da es nicht gelingt, entstehen unangenehme Gefühle, die man auch nicht mag und die man unter Kontrolle zu bringen sucht. Das vertieft die Abwehr, die Unzufriedenheit und macht die Sorgen größer, mit der schwierigen Situation nicht zurechtkommen zu können. Zuletzt bedrängen einen immer wieder dieselben Gedanken und Gefühle. Man versucht verzweifelt, sich von diesem Leid zu befreien, verändert vielleicht die äußeren Lebensumstände, nimmt Medikamente und begibt sich in eine Therapie.

Ein derartiges Leiden habe ich bei meinem Vater in den letzten Jahren seines Lebens miterlebt. Er machte sich ununterbrochen Sorgen um sein Einkommen. Er erhielt durch eine günstige gesetzliche Regelung gleichzeitig eine Pension als Beamter und eine Rente als Angestellter. Trotzdem war seine »Verarmung« bei jedem meiner häufigen Besuche ein Hauptthema. Er verwendete immer dieselben Worte, hatte dieselben Ängste und war hilflos und wütend. Ich habe ihm immer wieder sein monatliches Einkommen vorgerechnet. Er wurde dann ein bißchen ruhiger, aber schon bei meinem Weggehen machte er sich wieder dieselben Sorgen.

Ich selbst konnte das zunehmend besser ertragen, weil ich durch innere Erfahrungen mit mir vertrauter wurde. Ich mußte mich zum Beispiel nicht mehr so vor meiner Hilflosigkeit und vor der Hilflosigkeit meines Vaters schützen. Leider konnte ich meinen Vater nie ermutigen, sich seinen Sorgen und Ängsten innerlich zuzuwenden. So mußte er bis an sein Lebensende ertragen, daß immer mehr unangenehme Gefühle in ihm aufbrachen, die er sein ganzes Leben lang zu vermeiden versucht hatte, wie Unzufriedenheit, Angst, Wut und Hilflosigkeit.

Objektiv hatte mein Vater keinerlei Grund, sich wegen seines Einkommens Sorgen zu machen. Wäre er mit seinen Sorgen nach innen gegangen, hätte er sicher erlebt, daß sie sich auf ganz andere Dinge bezogen, nämlich auf eigene unangenehme oder bedrohliche Vorgänge: zum Beispiel auf sein zunehmendes Alter, auf seinen körperlichen Verfall, auf Schwäche, Angst und Hilflosigkeit und auf den nahenden Tod. Auch darüber konnte ich nie mit ihm reden. Wäre er seinen Sorgen nach innen gefolgt, wäre er ein bißchen vertrauter mit sich geworden, was ihm die letzte Zeit seines Lebens etwas leichter gemacht hätte.

Natürlich muß man bei inneren Erfahrungen mit dem eigenen Geist nicht erst warten, bis es Probleme oder Leiden gibt. Jeder Mensch hat geistige Fähigkeiten, die er schätzt und gerne nutzt. Es ist sehr schön, klar denken zu können und seinen Intellekt im Alltag und im Beruf einsetzen zu können. Wird man sich dessen bewußt, kann man sagen:»Verstand, ich freue mich über dich und benutze dich gern.«

Um in Kontakt mit den eigenen Gedanken zu kommen, braucht man wieder nur einen Augenblick zu bemerken, daß man denkt. Man kann dann sagen:»Gedanken, ich spüre euch.« Ebenso kann man sich dem Inhalt seiner Gedanken zuwenden und zum Beispiel sagen:»Sorgen, ich spüre euch.«

Eine schöne Möglichkeit für innere Experimente mit dem eigenen Geist entsteht, wenn man sich bewußt »Gedanken macht«. Man denkt an etwas, stellt es sich vor oder bildet es sich ein, oder man phantasiert etwas und wendet sich dem dann zu.

Manche Menschen glauben jedoch, daß solche »gemachten« Eindrücke nicht richtig oder nicht real sind. Man hält nur das für bemerkenswert, was von allein in einem aufsteigt. Aber Einbildungen oder Phantasien finden natürlich im eigenen Geist statt und sind genauso interessant wie Gedanken oder Erinnerungen. Phantasien, Einbildungen oder Vorstellungen sind der einfachste Zugang zum eigenen Geist. Man stellt sich etwas vor und erlebt sich bewußt dabei. Man wendet sich den Einzelheiten seiner Phantasie zu und spricht sie an.

Stellt man sich zum Beispiel vor dem Einschlafen vor, man wäre ein mächtiger und gütiger König, ist man in seiner inneren Wirklichkeit. Man kann sagen: »König, ich genieße dich« und dann: »Zufriedenheit, ich freue mich über dich.« Dann kann man auch zu seiner eigenen Macht und Güte sprechen und sich damit vertraut machen, daß sie zu einem gehören.

Das führt keineswegs dazu, daß man aus dem vielleicht schwierigen irdischen Leben immer wieder »in seine Phantasiewelt flüchten« muß, um sich wohl zu fühlen. Die Beziehungen zum inneren König und zu seinen Eigenschaften vergrößern vielmehr das eigene Selbstvertrauen und Selbstbewußtsein, so daß man anschließend besser mit sich und der äußeren Welt leben kann.

Es ist beklagenswert, daß wir uns selbst und unseren Kindern solche Möglichkeiten verweigern, weil wir sie als unbedeutend oder gar verrückt abwerten.

Die äußere Welt und die eigene geistige Welt

In vielen Gedanken, Erinnerungen, Phantasien oder Träumen nimmt man Menschen, Tiere, Gegenstände oder Vorgänge der äußeren Welt wahr. Man erinnert sich an eine Auseinandersetzung mit einem unangenehmen Menschen. Man denkt, wie es wäre, wenn ein Einbrecher in die Wohnung käme. Man träumt, am Rande eines bedrohlichen Abgrundes zu stehen.

Ist man mit dem eigenen Geist nicht vertraut, vermutet man,

daß man sich dabei mit der äußeren Wirklichkeit beschäftigt. Man fürchtet dann, daß ein Sturz in den dunklen Abgrund genauso tödlich ist wie in der physischen Welt, und rettet sich ins Aufwachen. Denkt man wütend an jemanden, verbietet man sich den Gedanken, ihm kräftig irgendwo hinzutreten. Man könnte ihm und vielleicht sich selbst Schaden zufügen. Anschließend hat man Schuldgefühle wegen seiner bösen Gedanken. So schützt man sich immer wieder vor vielen eigenen Gedanken, Träumen und Phantasien. Merkt man, daß man sie nicht endgültig unter Kontrolle bringen oder beseitigen kann, lebt man in großer, dauerhafter Angst. Selbst in vielen herkömmlichen Therapien glaubt man, den Patienten unbedingt vor bedrohlichen inneren Bildern bewahren zu müssen. Man fürchtet, daß er zerstört oder lebensunfähig wird, wenn er sich inneren Bedrohungen ausliefert oder innere Gewalt anwendet. Daher verwendet man häufig Medikamente, um den Patienten zu beruhigen oder um ihn von seinen Bildern zu befreien.

Fast alle Menschen bei uns verwechseln ständig die Ebenen. Sie übertragen Wirkungen und Folgen von Vorgängen in der physischen Welt unbesehen in die geistigen Ebenen: Was außen schädlich oder tödlich ist, muß es auch innen sein. Was außen nicht getan werden darf, muß man auch innen vermeiden.

Diese einfache Logik ist ein folgenreicher Irrtum, der aus dem unbewußten Umgang mit der inneren Welt entsteht. Glaubt man an eine derartige »Gleichheit von außen und innen«, macht man sich den Zugang nach innen fast unmöglich.

Dazu ein kleines Beispiel: Jemand liest in der Zeitung von dem Kampfhund, der ausgebrochen ist, einen Menschen angefallen und schwer verletzt hat. Der Leser sitzt im Sessel im Wohnzimmer und genießt gerade eine Tasse Tee. Jetzt stellt er sich den großen, zähnefletschenden Hund vor und spürt starke Angst, schon fast Panik.

Der Mann ist tief betroffen. Er überlegt sich, was er tun kann, um solche furchtbaren Zwischenfälle mit Kampfhunden in Zukunft verhindern zu können. Er entschließt sich, einen Brief an den Bürgermeister zu schreiben, in dem er ihn auffordert, die gefährlichen Kampfhunde zu verbieten und die noch lebenden nach diesem schrecklichen Zwischenfall töten zu lassen.

Trotzdem hat der Mann immer wieder große Angst, wenn er nur an diesen furchtbaren Hund denkt. Ja, er träumt sogar von dieser Bestie, die ihren Rachen aufreißt, um ihn zu beißen. Danach ist er wie gerädert. Er ist unruhig und hat sogar Angst, auf die Straße zu gehen, obwohl er sich immer wieder sagt, daß solche Hunde ziemlich selten sind und er noch keinem begegnet ist. Aber auch das beruhigt ihn nur wenig.

Seine Frau versucht ihm deutlich zu machen, daß der böse Hund seine »fixe Idee« ist und daß er sich zusammenreißen sollte, um sich nicht immer wieder mit ihm zu beschäftigen. Das ändert jedoch auch nichts daran, daß der Mann häufig an den Hund denkt, ihn sich immer wieder vorstellt und immer häufiger nachts schweißgebadet aufwacht. Und der Brief vom Bürgermeister ist verständnisvoll, aber ablehnend: Man könne nicht einfach bestimmte Hunde verbieten oder gar töten lassen.

Der Mann ist sowieso in ärztlicher Behandlung und erzählt beim nächsten Besuch von seiner Unruhe, seiner Angst und den Schlafstörungen. Der Arzt meint auch, daß es wohl keine wirkliche Gefahr durch einen Hund gebe, und verschreibt ein Beruhigungsmittel und ein Schlafmittel, damit es dem Mann wieder besser geht.

Bei einer inneren Begleitung empfehle ich dem Mann, sich zuerst einmal der Angst und Unruhe zuzuwenden und zu sagen: »Angst und Unruhe, ich spüre euch. Ich mag euch aber nicht.« Im Laufe der Erfahrungen frage ich ihn: »Was geschieht mit Ihnen, wenn Sie jetzt an den bösen Hund denken?« Der Mann nimmt seine Angst und Aufregung wahr und spricht sie an. Dann sage ich: »Bitten Sie doch Ihre Angst, dabeizusein. Wie sieht der Kampfhund aus, und wie verhält er sich?« Auch wenn er äußerst bedrohlich ist, ermutige ich den Mann, den Hund direkt und laut anzusprechen und zu sagen: »Hund, du machst mir große Angst, komme mir nicht näher.«

Danach kann der Mann fragen: »Hund, bist du in mir?« Nach der Antwort von innen ist der Mann sehr erstaunt. Er war sicher, sich mit einer äußeren Bestie zu beschäftigen. Jetzt sieht er sich den »inneren Hund« genauer an. Dabei merkt er, daß er sich trotz seiner Angst etwas ruhiger fühlt. So sagt er dann: »Ruhe, ich freue mich über dich.«

Ich frage den Mann, ob er sich dem bedrohlichen Hund anvertrauen oder gar ausliefern könnte, um ihn besser kennenzulernen. Wenn er es nicht kann, dränge ich nicht. Ich sage aber: »Spüren Sie, daß Ihr physischer Körper hier ganz sicher liegt. Sie liefern sich nicht an ein äußeres Tier aus, sondern an etwas Inneres, das wie ein böser Hund aussieht.«

Der Mann holt tief Luft und sagt: »Hund, mache jetzt mit mir, was du willst.« Dann kann alles geschehen. Vielleicht bleibt der Hund auf Distanz und legt sich zufrieden hin. Oder er kommt näher und leckt dem Mann freundlich die Hand. Es ist aber auch möglich, daß die Bestie ihr gewaltiges Maul aufreißt, sich auf den Mann stürzt, ihn zerreißt und mit Haut und Haaren auffrißt.

Selbst das kann der Mann – mit Angst – gut ertragen. Vielleicht spürt er danach Leichtigkeit und schwebt dahin, oder sein physischer Körper fühlt sich viel deutlicher und lebendiger an. Der Mann ist überrascht und beglückt. Ihm wird bewußt, daß er einen Teil von sich selbst zugelassen hat, zu dem er bisher sehr wenig Vertrauen hatte. Er sagt: »Hund, ich danke dir, daß du mich zu mir gebracht hast« und: »Glück, ich spüre dich und freue mich über dich.«

Ich erlebe fast täglich mit, wie sich jemand großen inneren Bedrohungen ausliefert und dabei keineswegs geschädigt oder zerstört wird, wie er am Anfang gefürchtet hat. Er gewinnt viel Vertrauen zu sich. Er erfährt mit Gewißheit, daß er bei jedem Gedanken, jeder Erinnerung, jedem Bild in sich selbst ist und daß die inneren Ebenen andere Gesetze haben als die physische Welt. (Das hindert natürlich nicht, mit äußeren Bedrohungen vorsichtig umzugehen. Dort sollte man sich nicht jedem und allem ausliefern.)

Nach solchen inneren Erfahrungen weiß man, daß man alles, was es außen gibt, auch in sich selbst wahrnehmen kann. Im Unterschied zur äußeren Welt kann man jedoch alles Innere zulassen, man kann sich ihm anvertrauen und tiefgreifende Erfahrungen machen. Man gewinnt dadurch viel Selbstbewußtsein und Selbstvertrauen.

Damit bekommt das irdische Leben eine ganz neue Bedeutung: Es bietet die Möglichkeit, die unermeßliche Vielfalt der Erde, des Himmels und des physischen Universums als eigene innere Zustände und Vorgänge zu erfahren. Man braucht nur an etwas Äußeres zu denken oder sich daran zu erinnern oder es sich vorzustellen und ist sofort in Beziehung zu dem entsprechenden eigenen inneren Thema.

Stehe ich zum Beispiel vor einem Baum, vermitteln mir meine Sinnesorgane viele Eindrücke von ihm. Ich sehe seine Größe, seine Form und seine Farben, höre den Wind in den Blättern und rieche den Duft seiner Blüten. Dieser Baum lebt auf der Erde. Er ist aus einem Samen entstanden, er wächst und wirft im Rhythmus der Jahreszeiten seine Früchte und Blätter von sich, um neu zu grünen und zu blühen. Das tut er natürlich nicht, um mich zu erfreuen oder um mich in Beziehung zu mir selbst zu bringen. Er tut es, weil es sein Leben ist.

Was wir mit unseren Sinnesorganen wahrnehmen, ist jedoch nicht objektiv, wie wir heute wissen. Unsere Augen, Ohren und Nasen vermitteln uns nur einen kleinen, subjektiven Eindruck der physischen Realität. Ein Vogel oder eine Biene erleben denselben Baum ganz anders.

Was jeder von dem Baum wahrnimmt, entspricht seinem eigenen augenblicklichen inneren Zustand. Ist jemand zum Beispiel auf ganz andere Gedanken konzentriert, sieht er den Baum nur als flüchtigen Eindruck, wenn er an ihm vorbeigeht. Ein Biologe nimmt ihn unter fachlichen Gesichtspunkten wahr und achtet auf bestimmte Einzelheiten. Ein Forstwirt schätzt seinen Zustand ab und rechnet im Kopf die Festmeter aus, die er bringen kann. In einer offenen und gelösten (Urlaubs-)Stimmung spürt man große innere Nähe zum Baum, berührt ihn und redet vielleicht sogar mit ihm.

Für innere Erfahrungen ist es sehr interessant, was der äußere Baum in einem auslöst. Da kommen Gefühle, Gedanken, eventuell sogar Bewußtseinszustände auf, die man wahrnehmen kann. Erfreut man sich an der Kraft des Baumes, ist man bei seiner eigenen Freude und Kraft. Man kann sie als Teile von sich wahrnehmen und zu ihnen sprechen. Derselbe Baum kann einen auch traurig machen, wenn er im Winter seine kahlen Äste in den Himmel streckt. Dann erlebt man seine eigene Kälte, Kargheit und Trauer.

Steht man nicht mehr vor dem Baum in der Landschaft, sondern denkt man an ihn und erinnert sich an sein Bild, ist man ganz und gar im eigenen Inneren. Dieser »innere« Baum ist ein Teil von einem selbst. Man kann ihn ansprechen und ihn mit den inneren Händen berühren. Man kann sogar in ihn eintauchen, sich in seinen Wurzeln ausbreiten und die Erde spüren, in die sie eingebettet sind. Dabei ist man natürlich nicht in der physischen Welt, sondern im eigenen Geist. Man erfährt einen Teil von sich, der im Augenblick der Wahrnehmung so wie der äußere Baum aussieht. Man kann auch sagen: Die Seele benutzt ein Bild aus der physischen Welt, um einem etwas Inneres deutlich zu machen.

Auch im Kontakt mit dem inneren Baum werden Gedanken, Gefühle und sogar körperliche Empfindungen spürbar. Denkt man einige Tage später wieder an den äußeren Baum, können ganz andere innere Eindrücke entstehen. Der innere Baum sieht anders aus, ruft andere Gefühle und Gedanken hervor und bringt einen zu neuen Themen. Man erfährt, daß man immer in der Lebendigkeit seines eigenen Wesens lebt, daß die inneren Bilder und Energien fließend sind und immer neu erlebt werden.

Der physische Baum bleibt dagegen eine gewisse Zeitspanne erhalten. Er verändert sich langsam. Man kann ihn wiedererkennen, wenn man ihn nach einiger Zeit besucht. Diese Dauerhaftigkeit der physischen Welt vermittelt eine gewisse Sicherheit. Dagegen beunruhigt oder ängstigt die veränderliche und unvorhersehbare innere Welt den unbewußt damit lebenden Menschen.

Hat man ein bißchen mehr Vertrauen zum eigenen Inneren gewonnen und ahnt oder weiß man, daß es dort anders ist als in der

physischen Welt, kann man viele innere Experimente mit äußeren Zuständen oder Vorgängen machen.

Man braucht nur an einen Abgrund zu denken und kann erleben, was geschieht, wenn man sich in ihn hineinfallen läßt. Man
kann seine Angst spüren, sie zulassen, sagen: »Angst, komme
mit in die Tiefe« und sich dann mit ihr fallen lassen. Danach weiß
man, daß man sich der inneren Tiefe anvertrauen kann und daß
man in ihr manches findet, nach dem man Sehnsucht gehabt hat.
Vielleicht wird einem auch bewußt, daß man in der Depression
schon öfter die Angst vor einem solchen Absturz gespürt hat.

Man kann sich in einen Fluß fallen lassen und sich von ihm
durch Stromschnellen und Wasserfälle bis in die Tiefe des Meeres
tragen lassen. Man kann in einen feurigen Vulkan stürzen und ins
glühende Magma eintauchen. Man kann in den Himmel fliegen
und sich im All auflösen. Man kann sich aber auch von einer
dunklen Gestalt mit einer Waffe bedrohen, durchbohren oder er-
schießen lassen. Oder man kann ein – angenehmes oder bedrohliches – Tier auf sich zukommen lassen, es berühren, mit ihm
sprechen, sich von ihm tragen oder auch auffressen lassen.

So erfährt man bedrohliche und scheinbar zerstörende innere
Vorgänge, aber auch angenehme und beglückende. Dabei entsteht Vertrauen zur eigenen inneren Welt und zum Leben auf der
Erde. Man sieht sich selbst, andere Menschen und die äußere
Welt in einem größeren Zusammenhang. Die Beziehung zum äußeren Baum fühlt sich anders an, wenn man erlebt hat, daß es eine Entsprechung zu ihm im eigenen Inneren gibt.

Erinnerungen als innere Gegenwart

Bei Erinnerungen denkt man an Vorgänge oder Zustände, die
man in der Vergangenheit in der äußeren Welt erlebt hat. Erinnerungen können sehr deutlich und bildhaft sein, jedoch auch
nur vage Gedanken. Sie können starke – angenehme oder unangenehme – Gefühle auslösen.

Jeder hat seine Erinnerungen, beschäftigt sich immer wieder
mit ihnen und spricht viel über sie. In Psychotherapien werden

Erinnerungen intensiv benutzt. Man versucht vor allem, bestimmte frühere Verhaltensweisen besser zu verstehen, um sich in Zukunft anders verhalten zu können. Oder man versucht, Ansätze für die Auseinandersetzung mit einem anderen Menschen zu finden, an dessen Verhalten man gelitten hat. Fast jeder glaubt, sich dabei mit seiner Vergangenheit zu beschäftigen. Denn das, woran man sich erinnert, hat ja wirklich einmal so oder ähnlich stattgefunden.

Auch in inneren Erfahrungen, die ich miterlebe, kommen häufig Erinnerungen auf. Die sind manchmal mit Abwehr und Überdruß verbunden. Jemand sagt: »Jetzt denke ich schon wieder an meine Kindheit und meine Mutter. Damit habe ich mich jahrelang beschäftigt, und es hat nichts gebracht. Jetzt habe ich die Nase voll. Ich will nicht mehr.«

Ich versuche dann, den Menschen zu ermutigen, sich trotzdem noch einmal diesen Erinnerungen zuzuwenden. Denn ich weiß, daß sie eine ganz andere Bedeutung haben, als man bei uns glaubt.

In der folgenden Erfahrung begleite ich (I) eine Frau (F), die sich an die Schwierigkeiten mit ihrer Mutter erinnert. Sie sieht ihre Mutter, wie sie in der Kindheit aussah, und spürt starke Abwehr, Wut und Trauer. Ich bitte sie, ihre Mutter jetzt laut und direkt anzusprechen und ihr zu sagen, wie sie sich fühlt. Die Frau stutzt einen Augenblick, weil ihr das sehr eigenartig erscheint, aber dann tut sie es:

F: Mutter, ich will mich nicht mehr mit dir beschäftigen. Ich habe schon alles mögliche versucht. Du hast mir nie zugehört und mich nie verstanden. Jetzt bin ich total sauer und traurig, wenn ich an dich denke.

I: Können Sie auch Ihre Gefühle ansprechen?

F: Wut, ich spüre dich. Trauer, ich spüre dich auch.

I: Wie verhält sich Ihre Mutter, wenn Sie so zu ihr sprechen?

F: Sie macht ein böses Gesicht. Sie ist abweisend und will mich nicht hören.

I: Was möchten Sie ihr sagen, wenn Sie das erleben?

F: Eigentlich gar nichts mehr. Ich habe die Nase voll.

I: Spüren Sie doch einmal, warum sich Ihre Mutter so verhält. Ist sie mit sich vertraut? Kennt sie ihre eigene Trauer und Wut? Oder wehrt sie die auch innerlich ab? Schützt sie sich auch so vor sich selbst, wie sie es mit Ihnen macht?

F: Meine Mutter hat kein Vertrauen zu vielen Gefühlen. Sie konnte sie nie ertragen. Und sie hat sie auch nie gezeigt.

I: Wie fühlen Sie sich, wenn Sie merken, daß sie sich auch innerlich verschlossen hat?

F: Eigentlich tut sie mir leid. Sie hatte es schwer. Und der Wut konnte sie nicht vertrauen, weil mein Vater manchmal furchtbar aggressiv und wütend war und sie und uns geprügelt hat. *(Sie weint laut.)*

I: Kennen Sie das auch von sich selbst, daß Sie manchen Ihrer eigenen Gefühle nicht vertrauen konnten und daß Sie sich dann innen vor ihnen geschützt haben und auch außen abweisend oder lieblos mit anderen Menschen umgegangen sind?

F: *(Weinend:)* Ja, das habe ich oft getan. Ich konnte nie richtig traurig sein. Und wenn jemand anderer traurig war, bin ich ziemlich unangenehm mit ihm umgegangen.

I: Können Sie sich vorstellen, daß Sie darin Ihrer Mutter ähnlich sind?

F: *(Sie weint.)* Leider ja. Ich wollte nie so sein wie sie. Ich habe immer versucht, anders zu werden. Aber ich habe es nicht geschafft.

I: Könnten Sie Ihrer Mutter jetzt sagen, daß Sie sich im Umgang mit manchen Gefühlen ähnlich sind?

F: Nein, das will ich nicht. Ich will nicht so leben, wie sie gelebt hat. Das war ganz furchtbar.

I: Aber spüren Sie einmal, daß Sie sich ähnlich sind, aber daß Sie in diesem Augenblick schon ganz anders mit sich umgehen, als Ihre Mutter es je getan hat.
Sie nehmen jetzt Ihre Gefühle wahr, sprechen zu ihnen und lassen sie auch zu. Sie müssen nicht denselben Weg wie ihre Mutter gehen, wenn Sie sich Ihren eigenen Schutz zugestehen.

F: Na gut. Mutter, ich merke, daß ich mich vor meinen Gefühlen genauso geschützt habe wie du. Wir sind uns da leider ganz ähnlich.

I: Wie verhält sich Ihre Mutter, wenn Sie so zu ihr sprechen? Wie sieht sie jetzt aus?

F: Sie weint.

I: Wie fühlen Sie sich, wenn Sie merken, daß Sie Ihre Mutter erreichen konnten, daß sie Sie gehört hat und auf Sie reagiert?

F: Ich bin erleichtert und traurig.

I: Können Sie Ihrer Mutter sagen, daß sie traurig sein kann und daß Sie es auch sind?

F: Mutter, sei ruhig traurig, ich bin es auch. *(Sie weint laut.)*

I: Wollen Sie zu ihr hingehen und sie berühren oder sie in die Arme nehmen, so wie sie ist. Auch in ihrer Trauer?

F: Es fällt mir immer noch schwer. Ich probiere es.

I: Wie fühlt sich Ihre Mutter an?

F: Sie ist ein bißchen steif. Ich glaube, sie hat Angst vor der Berührung.

I: Kennen Sie das auch von sich, daß Sie vielleicht Sehnsucht nach Nähe und Berührung haben, gleichzeitig aber auch Angst?

F: *(Sie weint.)* Ja, das kenne ich auch.

I: Können Sie Ihrer Mutter sagen, daß Sie sich da auch ähnlich sind?

F: Mutter, ich habe auch Angst vor Nähe, obwohl ich sie brauche.

I: Wie verhält sich Ihre Mutter jetzt?

F: Sie lächelt ein bißchen und fühlt sich viel weicher an.

I: Und wie fühlen Sie sich?

F: Ich bin total erleichtert und freue mich.

I: Wollen Sie das mal Ihrer Mutter sagen?

F: Mutter, ich freue mich, daß du dich freust. Ich bin so erleichtert, daß du mich hörst und mich wohl auch verstehst.

I: Fragen Sie diese Mutter doch, ob sie in Ihnen ist, ob sie Ihre innere Mutter ist.

F: Was meinen Sie damit?

I: Wenn Sie es wissen wollen, fragen Sie nach innen. Vielleicht bekommen Sie eine Antwort.

F: Mutter, bist du in mir? Bist du meine innere Mutter?

I: Wie verhält sie sich, was sagt sie?

F: Sie drückt mich und sagt: Das weißt du doch.
Aber ich habe es nicht gewußt.

I: Spüren Sie, daß Sie Ihre Augen geschlossen haben und daß Sie nach innen schauen. Sie sind die ganze Zeit bei sich und erleben sich selbst: Ihre eigenen Grenzen und jetzt auch Ihre inneren Öffnungen. Und nun lernen Sie den Teil von sich kennen, nach dem Sie Sehnsucht hatten: Ihre innere Mutter. Und die ist sicher anders als Ihre leibliche Mutter. Die war eine Frau mit ihren Grenzen. Wenn Sie wollen, fragen Sie die innere Mutter, ob sie schon immer so in Ihnen war, auch wenn Sie es nicht gespürt haben.

F: Innere Mutter, warst du schon immer so weich und liebevoll in mir? Sie sagt ja und lacht.

I: Sie können sie auch fragen, ob sie Sie schon immer geliebt hat, auch mit Ihren Grenzen und Problemen.

F: Sie sagt ja und ist ganz warm und liebevoll. Mein Gott, warum habe ich das bloß nicht gewußt? Was hätte ich mir alles ersparen können!

I: Das gehört wohl zum irdischen Leben. Wir kommen auf die Erde und vergessen, wer wir eigentlich sind. Wir haben Sehnsüchte, die sich außen nicht erfüllen, und leiden daran. Und irgendwann erleben wir, wie es wirklich in uns ist.
Sie können jetzt beginnen, bewußter mit Ihrer inneren Mutter zu leben. Sie werden mit dieser Mütterlichkeit viele Erfahrungen machen, die für Ihr Leben hilfreich sind.

Eine solche innere Erfahrung ist ganz typisch. Der Mensch, den ich begleite, glaubt am Anfang immer, sich mit jemand anderem zu beschäftigen, so wie er es schon oft getan hat. Ich weiß jedoch, daß er ganz und gar in seiner inneren Gegenwart ist und sich selbst erlebt. Das Bild des anderen Menschen ist ein Ausdruck des eigenen Geistes, ob man es glaubt oder nicht.

Nimmt man dazu Kontakt auf, beschäftigt man sich nicht mit dem anderen Menschen, sondern ausschließlich mit sich selbst. Und dabei kann man seine eigenen Grenzen und sein eigenes Leiden erfahren, aber ebenso erlebt man sehr oft äußerst Angenehmes und Beglückendes.

Sehr oft stehen die unangenehmen Verhaltensweisen im Vordergrund, die man bisher nur bei dem anderen gesehen hat. Man glaubte wirklich, daß der andere die Ursache für das eigene Leiden war. Beginnt man, sich dem innerlich zuzuwenden, wird sehr schnell deutlich, daß man an seinem eigenen unbewußten Umgang mit Schutz, Abwehr und Lieblosigkeit und vielleicht sogar durch seine Gewalttätigkeit gelitten hat.

Am Anfang kann es sehr schmerzhaft sein, sich das zuzugestehen. Aber dadurch gewinnt man einen Zugang zu dem, wovor man sich bisher im eigenen Inneren zu schützen versucht hat. Und das sind oft gerade Gefühle oder Vorgänge, nach denen man Sehnsucht hat. Die kann man dann in sich selbst finden.

So ist die innere Mutter die »ideale Mütterlichkeit« in jedem Menschen. Ich weiß inzwischen, daß jeder von innen so angenommen und geliebt wird, wie er ist. Es gibt nie Vorwürfe oder Verurteilungen, auch wenn man bisher lieblos oder gar schädigend mit sich selbst umgegangen ist. Das nicht nur glauben zu müssen, sondern es in sich selbst zu erfahren, ist eine Erlösung.

Die innere Wirklichkeit ist noch größer

Die Erfahrungen im eigenen Geist können jedoch weit über das hinausgehen, was uns die physische Welt nahebringt. Denn jedes innere Bild, jeder Gedanke, jede Phantasie sind innere Realität, ganz unabhängig davon, ob sie eine äußere Entsprechung haben oder nicht.

So gibt es zum Beispiel in der physischen Welt keinen Teufel, wie wir ihn aus religiösen Schriften oder aus Mythen und Märchen kennen. Trotzdem wissen wir, wie er aussieht: böse lächelnd, schwarz, mit Hörnern, Pferdefuß und Schwanz. Wenn wir an den Teufel denken, von ihm träumen oder ihn uns vorstellen, sind wir ganz in unserer inneren Realität. Dort gibt es ihn.

Daran wagen die meisten nicht einmal zu denken, weil der Teufel bei uns als der Widersacher Gottes angesehen wird und sehr böse und schlecht sein soll. Niemand nimmt religiöse Überlieferungen oder Märchen als Ermutigung, mit dem Teufel zu sprechen und ihn kennenzulernen. Das ist bedauerlich, weil jeder diese Energie in sich hat, die wie der Teufel aussieht oder sich anfühlt. Weiß man das nicht, muß man sich ihr zwanghaft und gewaltsam verschließen.

Auch mit diesen Energien habe ich Erfahrungen gemacht und sie miterlebt. Dabei ist niemand geschädigt worden. Keiner mußte anschließend außen wie ein Teufel wüten.

Der »innere Teufel« läßt sich jedoch – wie alles andere in uns – nicht eindeutig definieren. Er hat viel zu tun mit den tiefen, oft deftigen irdischen Lebensenergien des Menschen. Die Hölle entspricht oft einer Höhle in der Tiefe der Erde. Dort findet man manchmal das, was man in sich bisher unbewußt negativ bewertet und zu beseitigen versucht, also »verteufelt« hat. Das innere Höllenfeuer ist aber sogar eine starke, warme Kraft.

An diesem Beispiel wird deutlich, wie unbewußt fast alle Menschen der westlichen Welt mit ihrem eigenen Inneren leben. Man weiß nicht mehr, wohin die Gestalten aus Religionen, Mythen und Märchen gehören. Und man empfindet solche Bilder nicht mehr als Verheißungen der eigenen Seele, sondern fast nur noch als unerträgliche Bedrohungen. Selbst Theologen und Psychiater warnen vor derartigen inneren Vorgängen und versuchen, den Menschen davor zu bewahren.

Schützt man sich davor, mangelt es nicht nur an Vertrauen zu sich selbst, sondern es fehlen einem auch die entsprechenden inneren Energien, die man nicht zulassen kann und die man meistens mit viel Kraftaufwand unterdrückt, weil sie so bedrohlich erscheinen.

Glaubt man jedoch zuerst einmal, daß man sich allem Inneren zuwenden darf, dann bieten Religionen, Mythen und Märchen einen unerschöpflichen Schatz an Möglichkeiten, sich zu erfahren und sich kennenzulernen. Man kann so alle Gestalten der Bibel in sich finden, wenn man es möchte. Das ist ganz unabhängig davon, ob sie historisch (so) existiert haben oder nicht. Mit Märchen und Mythen kann man zur Hexe und zur Königin kommen, zum Magier und zum Bettelmann. Alles, was da erzählt oder berichtet wird, gehört nach innen. Dort hat es seine Bedeutung und seine Wirkung.

Es geht um das Reich, »das nicht von dieser Welt ist«. Dieses unermeßliche Reich findet man am einfachsten dort, wo es einem am nächsten ist, nämlich im eigenen Inneren. Betet man zum Beispiel zu einer Gottheit, kommt man mit der eigenen inneren Entsprechung in Kontakt. Die uns vom historischen Jesus angebotene Nachfolge findet im eigenen Inneren statt. Dort kann man – wenn man möchte – den Jesus finden, der einem viel Liebe und Vertrauen für dieses irdische Leben schenkt.

Bei uns dagegen nehmen die meisten Menschen die religiösen Botschaften nur auf der einen Ebene wahr, die bei uns als Realität gilt. Man forscht, ob es die überlieferten Vorgänge wirklich gegeben hat, und versucht, sie zu verstehen und zu deuten. Man betrachtet Jesus als historische Gestalt, nicht jedoch als etwas eigenes Inneres. Man versucht – durch scharfsinnige Überlegungen oder Gleichnisse aus der äußeren Welt – einen Gottesbeweis zu führen.

Alle derartigen Fragen lösen sich auf, wenn man den Geist als innere Realität erfährt. Dann ist die physische Welt eine von den vielen Ebenen, die einem für alle Arten von Erfahrungen zur Verfügung stehen.

Ich habe im Laufe meiner eigenen inneren Erfahrungen einige Geistheiler kennengelernt, die sich alle als Priester empfinden. Sie nehmen vor allem die feineren Ebenen als Energien wahr und werden dort als Heiler tätig. Sie greifen in diese Ebenen ein und ordnen deren Energien. Der physische Körper kann diesen Veränderungen folgen, was zur Verminderung oder zum Verschwinden der Krankheitssymptome führen kann.

Beginnt man also, sich der eigenen inneren Welt zuzuwenden, ist es unausweichlich, daß man Menschen, Tiere, Pflanzen, die Erde und das ganze physische Universum anders wahrnimmt. Man ahnt oder spürt die Realität und den Zusammenhang aller Ebenen der Existenz.

Dem »inneren Tod« begegnen

Zu unserer inneren Welt gehören alle möglichen Gedanken, Bilder, Vorstellungen oder Eindrücke. Es ist ein unermeßliches Universum, in dem wir – auch unbewußt – immer leben. Es formt unser irdisches Leben, und es ruft und lockt uns immerzu. Ein wesentlicher Teil des menschlichen Leidens kommt aus dem Mangel an Vertrauen zum eigenen Inneren und der daraus entstehenden Abwehr. Die machen das irdische Leben eng, unverständlich, manchmal unerträglich und hoffnungslos.

Man spürt oder ahnt gleichzeitig Frieden, Weite, Freiheit und Verständnis, die offensichtlich nicht »von dieser Welt« sind. Wenn man nicht weiß, daß sie im eigenen Inneren auf einen warten, vertieft sich das Leiden weiter. Denn man glaubt, erst nach dem Tode die Zustände der Sehnsucht erreichen zu können. Daraus entsteht die gefürchtete Todessehnsucht.

Einige Menschen gehen damit in Hoffnungslosigkeit, Depression, Sucht oder einer tödlichen körperlichen Krankheit physisch unter. Sie sterben und erfüllen sich auf eine schmerzhafte Weise ihre große Sehnsucht.

Ich kann trotzdem jedem empfehlen, sich Gedanken an das Sterben und die Sehnsucht nach dem Tode nicht zu verbieten. Wird man sich ihrer bewußt, kann man sie benutzen, um nach innen zu gehen. Da das bei uns unbekannt ist, kommen natürlich Zweifel und Angst dazu. Die kann man bewußt mitnehmen und sagen: »Angst und Zweifel, begleitet mich.«

Man sollte sich vergewissern, daß man dabei seinen Körper nicht in Gefahr bringt. Ich würde eine solche Erfahrung nicht gerade am Rande eines tiefen Abgrundes empfehlen. Man kann sich in einen Sessel setzen oder sich ins Bett legen und damit sicher sein, daß dem Körper nichts geschehen kann. Man sollte eine Droge oder ein Medikament nicht höher dosieren, auch wenn man Angst vor dem hat, was im Inneren deutlich werden könnte. Man geht ja nicht zu jemand anderem oder zu etwas Bösem, sondern man kommt zu sich selbst. Ich kann ohne Bedenken dazu ermutigen, weil ich – auch aus sehr vielen Erfahrungen mit anderen Menschen – weiß, daß man dabei nicht geschädigt oder gar zerstört wird. Hat man den Mut, sich dem eigenen Inneren zuzuwenden, findet man in sich selbst Liebe und Vertrauen. Mag der Weg am Anfang auch noch so fremd oder bedrohlich erscheinen.

Man kann – laut oder leise – mit sich sprechen und zum Beispiel sagen:»Tod, ich denke an dich. Ich habe Sehnsucht, zu dir zu kommen.« Und:»Angst und Trauer, ihr gehört dazu. Ich versuche jetzt, nicht mehr gegen euch zu kämpfen.«

Vielleicht wird man dann traurig und weint. Das Leben war ja schwer. So ist es selbstverständlich, daß man leidet und traurig ist. Man kann sagen:»Trauer, ich lasse dich zu.« Dann muß man nichts mehr tun. Man kann sich seiner Trauer überlassen, um zu erleben, daß sie keineswegs übermächtig und zerstörerisch ist. Wehrt man sich nicht mehr gegen sie, kann sie einem Weichheit und Wärme, ja sogar Geborgenheit schenken.

Wenn man sich weicher fühlt und ein bißchen mehr Ruhe spürt, kann man sich bewußt auch dem Tode zuwenden. Man kann sagen:»Tod, ich habe schon oft an dich gedacht. Ich habe manchmal große Sehnsucht nach dir.« Auch dabei kann man vor Trauer und vielleicht schon vor Erleichterung weinen. Man kann sagen:»Tod, ich ahne, daß du etwas Inneres bist. Ich habe trotzdem auch Angst vor dir. Hilf mir, dich kennenzulernen.«

Ich habe schon sehr viele Menschen zu dem begleitet, was ich den »inneren Tod« nenne. Er ist nichts, was ich definieren könnte. Er kann jedoch erfahren und gelebt werden.

Wendet man sich dem Tod innerlich zu, kann ein spontaner Eindruck entstehen. Vielleicht sieht man eine Gestalt, die näher kommt. Die kann freundlich oder bedrohlich sein, hell oder dunkel. Oft ist es der Knochenmann im schwarzen Umhang. Der innere Tod kann auch als dunkle Wolke oder als helles Licht auf einen zukommen. Er kann eine innere Berührung von Kälte oder

Wärme sein. Er kann deutlich, manchmal dramatisch oder aber auch sehr leicht sein. Es ist alles möglich und alles richtig. Man muß ihn nicht analysieren oder verstehen. Wenn nichts von sich aus deutlich wird, kann man sich jede Art von Vorstellung, Einbildung oder Phantasie machen. Alles sind Vorgänge im eigenen Geist, und alles ist in dieser Ebene real, ganz unabhängig davon, wie es zustande gekommen ist.

Man darf sich also vorstellen, wie ein Tod nach Dürer oder einem anderen Künstler auf einen zukommt. Man kann sich seinen Tod freundlich oder bedrohlich einbilden. Man muß jedoch keine Bilder produzieren, wenn es nicht geht. Es reicht aus, einfach nur zu denken, wie der Tod in diesem Augenblick sein könnte oder wie man ihn gerne haben möchte.

Man kann mit dem, was man sieht oder spürt oder sich vorstellt, bewußt Kontakt aufnehmen. Man kann ganz ehrlich sagen, wie man sich fühlt:»Tod, du machst mir angst« oder:»Tod, ich habe kein Vertrauen zu dir« oder:»Tod, ich kann dich, so wie du bist, ganz gut ertragen.« Hat man Bedenken, kann man auch fragen:»Tod, bist du wirklich in mir? Könnte ich mich dir anvertrauen, ohne Schaden zu nehmen?« Man kann hören oder spüren, was der Tod einem sagt.

Merkt man, daß einem die innere Erfahrung ganz unerträglich wird, kann man sie abbrechen, die Augen öffnen und sich wieder in der äußeren Welt orientieren. Man dürfte jedoch alles zulassen, auch wenn es sehr bedrohlich erscheint. Denn im eigenen Inneren gibt es nichts, was einen schädigt oder zerstört.

Sieht oder spürt man den inneren Tod, kann man zu ihm hingehen oder ihn sich nahekommen lassen. Man kann ihn berühren oder sich von ihm berühren lassen. Man kann mit ihm über die Todessehnsucht sprechen und hören, was er einem dazu sagt.

Es ist verständlich, daß man am Anfang nicht besonders viel Vertrauen zu ihm hat. Denn bei uns denkt man ja immer nur an den physischen Tod und kennt – auch in der Religion – den inneren Tod nicht. Man kann also seine Angst und seine Vorsicht mit in die Begegnung nehmen. Sie hindern einen nicht, mit dem inneren Tod vertrauter zu werden.

Mögliche Erfahrungen mit dem inneren Tod

Ich habe schon sehr viele Erfahrungen mit dem inneren Tod miterlebt. Es ist jedoch ganz unmöglich, diese Vielfalt aufzuzählen oder sie zusammenzufassen. Jeder erlebt sich selbst. Und wenn man dem inneren Tod wiederholt begegnet, kann jedesmal etwas anderes deutlich werden.

Im folgenden berichte ich von einigen Erlebnissen mit dem inneren Tod, die man durchaus als Anregungen für eigene innere Erfahrungen nutzen kann. Denn es ist möglich und hilfreich, sich auch durch Vorstellungen oder Phantasien innerlich näher zu kommen und sich besser kennenzulernen.

Bereits die ersten Berührungen des inneren Todes sind vielfältig. Manche Menschen spüren am Anfang seine Härte und Kälte, denen sie sich dann als eigene innere Zustände zuwenden und die sie ansprechen können: »Härte und Kälte, ich spüre euch.«

Andere spüren, daß der dunkle Umhang des Todes ganz weich und warm ist. Manche kuscheln sich in diesen Umhang hinein und spüren Geborgenheit. Sie sprechen dann zu ihrer Weichheit, Wärme und Geborgenheit.

Der innere Tod kann distanziert sein, womit man zur eigenen Distanz kommt. Er kann bedrohlich wirken. Dann spürt man die eigene Angst und Bedrohung. Er kann warme, gütige Augen haben. Manchmal ist er fröhlich und ermutigt einen, näher zu kommen. Auch wenn der Tod als dunkle, bedrohliche Wolke sichtbar oder spürbar wird, macht er einem deutlich, daß man ihm vertrauen kann.

Alles, was man schon in der ersten Begegnung spürt, kann man als eigene Zustände oder Gefühle wahrnehmen. Man kann bei ihm Vertrauen spüren oder Angst oder beides gleichzeitig. Man ist immer »bei sich« und lernt sich selbst kennen.

Ganz intensive Erfahrungen entstehen, wenn man den Mut hat, sich dem inneren Tod anzuvertrauen oder sich ihm auszuliefern.

Das fällt den meisten Menschen außerordentlich schwer. Denn man bezieht das Sich-Anvertrauen oder Sich-Ausliefern fast ausschließlich auf andere Menschen oder äußere Dinge. Man fürchtet vereinnahmt, verletzt oder mißbraucht zu werden, wenn man sich nicht mehr schützt und Distanz wahrt. Diese Angst ist außen durchaus begründet, und so empfehle ich auch nicht, sich außen an jeden oder alles auszuliefern.

Im eigenen Inneren ist das ganz anders. Man wird immer wieder von innen ermutigt, ja manchmal sogar gedrängt, sich an sich selbst auszuliefern. Man kann – auch mit Vorsicht – versuchen, sich an die eigene Freude, Trauer, Geborgenheit, Angst und sogar Aggression und Gewalt hinzugeben. Das vertieft das Vertrauen nach innen ganz intensiv.

So kann ich sehr dazu ermutigen, auch einem unvertrauten und vielleicht bedrohlichen inneren Tod zu sagen:»Innerer Tod, ich vertraue mich dir an. Bringe mich dahin, wohin du mich schon immer bringen wolltest.« Die dann aufkommende Angst kann man ansprechen und dabeisein lassen.

Man kann sich vom inneren Tod berühren oder sich von ihm an die Hand nehmen lassen. Damit beginnt das ungewöhnliche Abenteuer, sich an sich selbst auszuliefern.

Darauf hat der innere Tod schon lange gewartet. Fast immer freut er sich und bringt einen in innere Zustände oder Ebenen, die man so noch nicht kennt, nach denen man jedoch meistens Sehnsucht hatte.

Das kann der berühmte dunkle Tunnel sein, an dessen Ende ein warmes, starkes Licht strahlt. Auf dem Weg durch den Tunnel können Angst, Enge und Hilflosigkeit entstehen. Die kann man ansprechen und mitnehmen. Im»Notfall« kann man den inneren Tod um Ermutigung bitten. Das Eintreten in das helle Licht ist für manche Menschen zuerst auch nicht angenehm. Es wirkt manchmal zu grell und zu stark. Man kann sich jedoch schnell mit ihm vertraut machen und es bald genießen. Man erfährt, daß man das Licht durch die Dunkelheit erreicht. Man muß also die Dunkelheit keineswegs vorher überwinden oder transformieren, denn die ist auch dann noch in einem, wenn man ins Licht eingetaucht ist.

Es gibt Menschen, die sich in jahrelangen Übungen und Meditationen anstrengen, dieses Licht endlich zu erreichen. Die Seele schenkt es einem aber einfach, wenn man sich ihr anvertraut und ausliefert.

Man kann mit dem inneren Tod auch in Weite und Leichtigkeit kommen und in sich einen sehr großen inneren Raum finden. Man kann schweben oder fliegen, was jedoch auch wieder Angst auslösen kann. Vielleicht fürchtet man um seinen Körper oder glaubt, daß man in der Weite verlorengehen könnte, wenn man einfach wegfliegt.

Oft fühlen sich Leichtigkeit und Fliegen an, als trete man aus dem Körper aus. Seine Formen lösen sich auf, er ist kaum noch oder gar nicht mehr zu spüren. Dabei entsteht oft Angst, daß der Körper geschädigt werden oder gar sterben könnte, wenn man ihn »verläßt«.

Solange man jedoch im irdischen Leben in seinem physischen Körper innere Erfahrungen macht, ist er immer vorhanden. Das ist ganz unabhängig davon, ob man ihn gerade spürt oder nicht. Im »normalen« Bewußtsein konzentriert man sich meistens ganz auf die physische Ebene, so daß man nichts von der inneren Welt spürt. Dann glaubt man, daß es sie gar nicht gibt.

In inneren Erfahrungen kann man sich dagegen manchmal ganz intensiv auf die feineren Ebenen seines Wesens konzentrieren und Weite, Leichtigkeit, Grenzenlosigkeit und Unermeßlichkeit erleben. Dabei spürt man wenig oder nichts mehr von der physischen Welt. Natürlich ist der Körper dann nicht verloren oder gefährdet. Der sitzt oder liegt sicher da, ist ganz still und freut sich, daß man mit der faszinierenden inneren Welt vertrauter wird.

Nach solchen Erfahrungen macht man seinem Körper das Leben nämlich ein bißchen leichter. Weiß man, daß man die beglückenden Zustände seiner Sehnsucht so einfach finden kann, sieht man seinen schweren und begrenzten physischen Körper nicht mehr als ein Hindernis an. Man muß ihn nicht erst loswerden, um dahin zu kommen. Viele Menschen schädigen oder zerstören ihren Körper, weil sie das nicht wissen. Das ist ein wesentliches Thema der Todessehnsucht bei uns.

Folgt man ihr weiter nach innen, kann einen der innere Tod auch ins »Jenseits« bringen, das ebenfalls ein eigener innerer Zustand ist. Dort findet man die Unermeßlichkeit und Unbegrenztheit, das Nichts und das Alles, in dem wir immer existieren. Man erfährt so den Grund der eigenen Existenz. Den nennen manche Menschen »Vollkommenheit«, andere »Ungeschaffenes (Nirwana)« und wieder andere »Gott«. Er läßt sich durch Worte nicht beschreiben oder vermitteln. Aber man kann es persönlich erfahren. Das ist eine Verheißung jeder Religion.

Mit dem inneren Tod kann man jedoch auch dramatische und manchmal fast unerträgliche Erfahrungen machen, von denen ich einige im nächsten Kapitel wiedergebe.

Dabei geht es um eigene bedrohliche und scheinbar zerstörerische Energien. Die haben viele Ausdrücke und Formen. Sie können wie Feuer oder Wasser aussehen, aber auch wie übermächtige Menschen oder todbringende Tiere oder auch wie Maschinen oder Waffen, die einen tödlich bedrohen.

Äußere zerstörerische Energien muß man natürlich meiden. An die inneren Entsprechungen kann man sich jedoch ohne jede Gefahr ausliefern. Sich im inneren Feuer verbrennen zu lassen schädigt weder die Seele noch den physischen Körper. Man wird auch nicht verrückt, wenn man sich innerlich von einem Tier auffressen läßt oder sich im Inneren von einer Waffe töten läßt. Es sind alles eigene Energien, die einem auch für das irdische Leben viel Kraft schenken können, wenn man mehr Vertrauen zu ihnen gewinnt.

Das ist bei uns weitgehend unbekannt. Man glaubt, sich vor inneren Bedrohungen genauso schützen zu müssen wie vor äußeren. Man darf demnach nicht in den inneren dunklen Abgrund stürzen. Man darf sich auch nicht von einer inneren Giftschlange beißen lassen. Man muß sich aus einem Alptraum ins Wachbewußtsein retten, wenn man von einem üblen Menschen mit einer Waffe bedroht wird.

Kaum jemand macht bewußt Experimente mit derartigen inneren Vorgängen, um zu erfahren, was dabei wirklich mit einem geschieht. Viele besonders sensible Menschen versuchen verzweifelt, ihr Leben lang solche Eindrücke unter Kontrolle zu bringen. Angst, Panik, aber auch Depressionen können Symptome derartiger unerträglicher innerer Bedrohungen sein. In den üblichen (psychiatrischen) Behandlungen wird meistens versucht, solche inneren Bilder zum Beispiel durch Medikamente zu unterdrücken. Man weiß nicht, daß es Rufe aus dem eigenen Inneren sind, denen man folgen könnte.

In milderer Form betrifft dieses Leiden fast alle Menschen bei uns. Aggression, Haß, Gewalt und Zerstörung werden durchweg – vor allem in christlichen Anschauungen – als sehr negativ und böse angesehen und müssen auf allen Ebenen vermieden und unter Kontrolle gebracht werden. Man verwechselt damit die äußere und die innere Welt, die man kaum kennt und zu der man wenig Vertrauen hat.

In der äußeren Welt muß es eine Moral und Gesetze geben, an die man sich halten muß. Man darf nicht zulassen, daß Menschen physisch angegriffen, verletzt oder getötet werden. Denn der physische Körper ist verletzlich und sterblich.

In der inneren Welt ist das alles ganz anders. Man kann in – manchmal dramatischen – inneren Erfahrungen die Gewißheit erlangen, daß man sich innerlich weder vor der Ausübung von Aggression und Gewalt noch vor dem Ausliefern an Bedrohung und Zerstörung schützen muß.

In solchen Erfahrungen gewinnt man ungewöhnlich viel Vertrauen zu sich selbst. Denn damit fällt ein wesentlicher Teil des bisherigen unbewußten Schutzes weg, der das Leben so eng, schwer, unruhig und mühsam gemacht hat. Man kann endlich die kräftigen Lebensenergien zulassen, die einem viele Fähigkeiten und Möglichkeiten auf der Erde schenken. Man lebt in der inneren Fülle, zu der uns auch alle Religionen ermutigen.

Dieses Selbstbewußtsein und Selbstvertrauen führt zum inne-

70

ren Frieden. Man muß sich viel weniger analysieren, bewerten, verurteilen und unter Kontrolle bringen. Man kann mit sich leben, wie man ist.

Mit dem Vertrauen zu den eigenen aggressiven und zerstörerischen Energien wird man garantiert nicht zum Gewalttäter in der äußeren Welt. Sich aggressiv und zerstörerisch gegen Menschen, Tiere oder Sachen zu wenden ist fast immer ein unbewußter Schutz vor unerträglichen inneren Berührungen, deren Ursache man nur außen sieht. So kämpft man gegen etwas, was einem angst macht, weil man seine eigene Angst nicht kennt und nicht ertragen kann. Man versucht, außen das zu beseitigen, was man für die Ursache der eigenen Angst hält.

Zu derartigen Erfahrungen kann einen die Todessehnsucht führen, wenn man sich ihr zuwendet und sich ihr im eigenen Inneren öffnet. So ist für mich die Todessehnsucht eine ganz große Verheißung der Seele. Sie ruft so drängend, um uns zu alledem zu bringen, wozu wir so wenig Vertrauen haben. Sie ruft uns nicht, um uns zu töten, sondern um uns auf der Erde lebensfähiger zu machen.

Da wir das vergessen haben, ist die Todessehnsucht so weit verbreitet und so übermächtig, daß viele unverständliche und unerwünschte Verhaltensweisen von ihr geprägt werden.

Fünf Menschen erleben ihren inneren Tod

Ich begleite viele Menschen durch ihre eigenen inneren Erfahrungen. Sie kommen einzeln in meine Wohnung oder besuchen eines meiner Wochenendseminare. Vor seiner Reise nach innen frage ich den Menschen nach dem, was ihn in dieser Phase seines Lebens besonders berührt.

Oft schildert jemand seine Auseinandersetzungen mit schwierigen anderen Menschen oder unangenehmen äußeren Umständen. Ich höre ihm genau zu, weil ich weiß, daß er jetzt über seine eigenen inneren Vorgänge spricht, auch wenn er es selbst nicht glaubt. Darauf weise ich ihn jedoch nicht hin, weil ich weiß, daß er das in der folgenden inneren Erfahrung selbst erleben kann. So ermutige ich ihn, sich auf den Weg zu sich selbst zu machen.

Dazu legt er sich hin und schließt (meistens) die Augen. Ich setze mich neben ihn, sehe ihm ins Gesicht und spreche mit ihm.

Meistens frage ich den Menschen zuerst, wie er sich jetzt fühlt. Sagt er, daß er aufgeregt ist, bitte ich ihn, seine Aufregung laut und direkt anzusprechen. Er kann zum Beispiel sagen: »Aufregung, ich spüre dich.« Dann frage ich, wo diese Aufregung besonders deutlich ist. Sagt er, daß sein Herz schnell schlägt, bitte ich ihn, das Herz anzusprechen und vielleicht zu sagen: »Herz, ich spüre dich in deiner Aufregung.«

So geht es immer weiter. Der Mensch schildert, was er sieht oder spürt, und ich ermutige ihn, dazu bewußt Kontakt aufzunehmen und es laut und direkt anzusprechen.

Für manche Menschen ist das am Anfang sehr eigenartig. Ich dränge jedoch niemanden, so mit sich umzugehen. Ganz selten einmal erlebe ich, daß jemand nicht weitermachen will. Ich entlasse ihn in Frieden, weil ich weiß, das solche inneren Erfahrungen nur eine von vielen Möglichkeiten sind, vertrauter mit sich zu werden.

Meine Begleitung ist besonders hilfreich, wenn es an unvertraute oder bedrohliche Themen geht. Ich habe inzwischen so viele bei uns unbekannte und manchmal unerträglich erscheinende innere Zustände und Vorgänge miterlebt, daß ich sehr viel Vertrauen zur inneren Welt gewonnen habe. So kann ich jeden ermutigen, so weit zu gehen, wie er kann oder will. Ich setze jedoch niemanden unter Druck, etwas tun zu müssen. Wenn jemand vor etwas Innerem weglaufen will, sage ich ihm, daß er sagen kann:»Weglaufen, du gehörst auch zu mir. Und jetzt benutze ich dich.« Er läuft dann vor der Bedrohung weg und kommt woanders hin, wo es ihm besser geht. Auch da ist er natürlich in sich selbst. Er macht genauso wertvolle Erfahrungen, wie wenn er sich dem Bedrohlichen geöffnet hätte.

Nur selten führe ich jemanden von mir aus an ein bestimmtes Thema heran. Fast immer ergeben sich die Erfahrungen zwanglos von innen. Ich höre achtsam zu und ermutige, zu spüren, daß das Wahrgenommene in einem selbst ist und daß man es ansprechen kann. Aus diesem inneren Kontakt entsteht ein weiterer innerer Zustand, dem man sich zuwendet. Dabei wird wieder etwas anderes spürbar. So geht es immer weiter.

Nach einer solchen »Reise« stellen manche Menschen mit Verwunderung fest, daß sie von innen unglaublich konsequent und pfiffig zu genau dem Thema geführt worden sind, das sie sich vorgenommen hatten. Der Weg dahin war nur völlig anders, als sie es erwartet hatten.

Derartige Erfahrungen haben mich gelehrt, wenig oder gar nichts tun zu müssen. Was aus dem Inneren des Menschen kommt, ist immer richtig.

Im folgenden gebe ich fünf Einzelbegleitungen zum inneren Tod wieder. In ihnen werden einige schwierige Lebenserfahrungen deutlich, aus denen sich eine starke Todessehnsucht entwickelt hatte.

Einige der geschilderten Vorgänge mögen beim ersten Lesen unglaubwürdig erscheinen. Andere wirken zuerst sicher ziemlich unerträglich. Für mich sind sie fast schon selbstverständlich geworden, da ich ähnliche Erfahrungen fast täglich miterlebe.

73

Als Leser dürfen Sie gerne zweifeln und schaudern. Ich weiß jedoch, daß auch in einem Buch dargestellte Erfahrungen helfen können, zu ahnen oder zu glauben, daß man selbst mit allem Inneren offener umgehen kann und daß man dabei weder verrückt noch zerstört wird.

Zur Hoffnungslosigkeit und zum inneren Tod kommen

Eine Frau (F) kommt zu mir und schildert die großen Probleme mit ihrem Mann. Sie empfindet ihn als kühl und häufig abweisend. Immer wieder gibt es Streitigkeiten und Auseinandersetzungen. Sie hat alles versucht, ihn zu erreichen. Jetzt ist sie enttäuscht und verzweifelt und meint, daß sie die Beziehung nicht verbessern kann. Sie liebt ihren Mann immer noch, ist aber ziemlich hoffnungslos, was die Ehe angeht. Ich (I) begleite sie durch eine innere Erfahrung, in der sie sich spürt und laut mit sich und mit mir spricht. Dies ist ein Ausschnitt:

I: Wie fühlen Sie sich jetzt?

F: Ich bin ganz unruhig.

I: Können Sie Ihre Unruhe laut und direkt ansprechen und vielleicht sagen: Unruhe, ich spüre dich?

F: Unruhe, ich spüre dich. Ich mag dich nicht.

I: Wo ist sie denn besonders deutlich?

F: Mein Bauch ist richtig nervös, und ich spüre auch Unruhe im Brustraum. Ich habe einen Knoten im Hals.

I: Können Sie auch dem Knoten sagen, daß Sie ihn spüren?

F: Knoten, ich spüre dich. Du machst mir angst.

I: Was könnte mit dem Knoten geschehen?

F: Er könnte größer werden und mich vielleicht ersticken. *(Sie windet sich und verzieht ihr Gesicht.)* O Gott, ich werde jetzt ganz traurig. Es ist furchtbar.

I: Lassen Sie Ihre Trauer doch zu, so weit es Ihnen möglich ist. Ihre Situation ist ja traurig. Und wenn Sie wollen, sagen Sie Ihrer Trauer, daß Sie sie zulassen.

74

F: *(Sie schluckt mehrfach und sagt erstickt:)* Trauer ... *(Dann weint sie heftig und laut.).*

I: *(Nach einer Weile:)* Können Sie Ihre Trauer so ertragen, dann sagen Sie es ihr.

F: *(Sie schluchzt.)* Trauer, du fühlst dich gar nicht so schlecht an. Ich konnte überhaupt nicht mehr weinen. Und jetzt schäme ich mich vor Ihnen.

I: Ich kann Ihre Trauer gut ertragen, da ich meine eigene kenne und mag. Ich freue mich immer über Gefühle, auch wenn es Ihnen nicht so gut damit geht.
Wie fühlt sich der Kloß im Hals an?

F: *(Erstaunt:)* Der ist fast weg.

I: Was empfinden Sie denn jetzt, wenn Sie an Ihre schwierige Ehe denken?

F: Da werde ich gleich wieder traurig. Ich bin ganz hilflos. Was habe ich schon alles versucht. *(Sie weint wieder.)*

I: Dann sagen Sie doch auch Ihrer Hilflosigkeit, daß Sie sie spüren.

F: Hilflosigkeit, ich mag dich nicht. Ich kann nichts mehr tun.

I: Wie fühlen Sie sich, wenn Sie merken, daß Sie alles versucht haben und nichts mehr tun können?

F: Ich bin verzweifelt und hoffnungslos. Ich weiß überhaupt nicht, wie es weitergehen soll. Es ist alles so furchtbar.

I: Wenn Sie wollen, sprechen Sie doch auch Ihre Hoffnungslosigkeit an.

F: Hoffnungslosigkeit, ich kann nicht mehr, und manchmal will ich auch gar nicht mehr.

I: Haben Sie schon daran gedacht zu sterben?

F: *(Sie weint laut.)* Ja, ich habe schon oft daran gedacht. Ich schäme mich jetzt, denn eigentlich müßte ich doch leben können. Ich bin nicht krank, und wir haben auch alles. Aber ich bin so verzweifelt.

I: Wollen Sie auch den Tod ansprechen und ihm sagen, daß Sie oft Sehnsucht nach ihm haben?

F: *(Erschreckt:)* Das macht mir aber richtig angst. Ich will doch nicht sterben. Vor allem jetzt noch nicht.

I: Ihr Körper liegt hier ganz sicher. Dem wird nichts geschehen. Der Tod, nach dem Sie Sehnsucht haben, ist etwas Inneres. Ich würde Sie nicht ermutigen, wenn es gefährlich wäre. Sie könnten Ihrer Sehnsucht nach diesem Tod ohne weiteres folgen.

F: Gut, ich probiere es.

(Zögernd:) Tod, ich habe in letzter Zeit oft an dich gedacht. Und manchmal hatte ich ganz große Sehnsucht nach dir. *(Sie weint.)*

I: Wie stellen Sie sich den Tod vor? Wie sieht er aus?

F: Er ist groß und dunkel. Ein bißchen bedrohlich.

I: Sagen Sie ihm doch, wie Sie sich bei seinem Anblick fühlen.

F: Tod, du bist mir fremd, und du machst mir auch angst.

I: Wie verhält er sich, wenn Sie so zu ihm sprechen?

F: Er kommt näher. Er wird deutlicher.

I: Können Sie ihm entgegengehen?

F: Ich gehe jetzt auf ihn zu. Er wirkt ziemlich groß. Jetzt ist er nicht mehr so bedrohlich.

I: Können Sie ihn berühren?

F: Na ja, so ganz vertraue ich ihm nicht. Aber ich probiere es aus. *(Zum Tod:)* Tod, ich berühre dich jetzt.

I: Wie fühlt er sich an?

F: Ich spüre seinen dunklen Umhang. Der fühlt sich ganz weich und warm an. Ich glaube, der Tod hat einen richtigen Totenschädel. *(Erstaunt:)* Er wirkt aber ganz freundlich. *(Zum Tod:)* Tod, ich habe plötzlich keine Angst mehr vor dir. Du wirkst wie ein Freund.

I: Wie fühlen Sie sich, wenn Sie das merken?

F: Ich bin völlig erleichtert. *(Sie spricht begeistert.)* Das ist richtig schön. Ich bin ganz ruhig, und der Tod tut mir nichts. Das hätte ich nie erwartet. Wer ist er bloß?

I: Sie können ihn besser kennenlernen. Wenn Sie wollen, können Sie sich ihm jetzt anvertrauen oder gar ausliefern. Sie könnten sagen: Tod, ich vertraue mich dir an.

F: Na, so ganz ruhig bin ich nicht, wenn ich daran denke. Aber ich will auch das versuchen. *(Zögernd:)* Tod, ich versuche, mich dir anzuvertrauen.

I: Und jetzt lassen Sie geschehen, was geschieht. Wenn es unerträglich wird, können Sie stopp! sagen und es abbrechen.

F: *(Sie ist eine Weile ganz ruhig.)* Er umhüllt mich mit seinem dunklen, weichen, warmen Mantel.
Ich sehe nichts mehr.
Ich fühle mich total geborgen.
Dabei hatte ich doch sonst immer so viel Angst vor der Dunkelheit.
Der Tod ist ganz still.
Es ist wunderbar.

I: Jetzt erfüllt sich Ihre Todessehnsucht.
Sie lernen den inneren Tod kennen.
Um den geht es.
(Nach einer Pause.) Wenn Sie wollen, lassen Sie sich von ihm dahin bringen, wohin er Sie bringen möchte.

F: Jetzt umfaßt er mich. Er ist gar nicht knochig.
Er fühlt sich auch weich und warm an.
Und das ist der Tod?
(Sie bleibt eine Weile ganz still.) Und jetzt trägt er mich. Wir schweben in einer warmen Dunkelheit.
Es ist so leicht.
Es fühlt sich so weit und frei an.
Das hätte ich nie geglaubt.
Ich kann es eigentlich immer noch nicht glauben.
Es ist so schön. *(Sie weint leise.)*

I: Sie müssen nichts mehr tun. Sie werden von innen getragen. Die Leichtigkeit, Weite und Freiheit sind Zustände Ihrer Seele. Sie können sie genießen. Sie sind ganz in sich selbst.
Freut sich Ihr Tod, daß Sie sich ihm anvertrauen?

F: Er lacht und ist auch glücklich.

I: Können Sie Ihrer Todessehnsucht danken, daß Sie sie zu diesem Tod gebracht hat?

F: Ja, aus vollem Herzen danke ich dir, Todessehnsucht. Du hast mich an die richtige Stelle gebracht.

I: Wie fühlen Sie sich jetzt?

F: Ich bin immer noch beim Tod. Es ist immer noch weich und warm und weit und leicht.
Es ist wunderbar. So kann es bleiben.

I: Spüren Sie, daß Sie sich sehr unangenehmen Themen und Gefühlen geöffnet haben und daß es Ihnen jetzt gutgeht. Sie müssen sich in Zukunft vor Ihrem eigenen Inneren nicht mehr so schützen.
Und Sie müssen nicht erst Ihren physischen Körper verlieren, um mit diesem Tod zu leben.
Wenn Sie in Zukunft die Todessehnsucht berührt, können Sie ihr nach innen folgen.
Wenn Sie möchten, bitten Sie Ihren Tod um ein Zeichen, mit dem er Sie auch im Alltag manchmal daran erinnert, daß er in Ihnen ist.

F: Tod, gib mir ein Zeichen.

Mein Oberkörper und mein Herz werden ganz warm.
Das fühlt sich gut an.

I: Das werden Sie in Zukunft sicher öfter einmal spüren. Dann können Sie sagen: Innerer Tod, ich spüre dich. Komme mit in mein Leben. Und vielleicht erleben Sie dann mitten im Getümmel des Alltages einen Augenblick der Ruhe und der Weite.
Und wenn Sie möchten, können Sie abends in den Armen Ihres inneren Todes einschlafen.
Das schenkt Ihnen die Ruhe und Freiheit, die Sie auf der Erde lebensfähiger machen.
Sie können dann besser mit sich leben und auch mit anderen Menschen. Sie sind dann nicht mehr ganz so abhängig von deren Verhalten, weil Sie wissen, daß die Geborgenheit und die Freiheit in Ihnen selbst sind.

Dem inneren Tod vorsichtig nahe kommen

Zu einer inneren Begleitung kommt eine etwa fünfzigjährige Frau (F), die zurückhaltend, ängstlich und ein bißchen verkümmert wirkt. Sie berichtet von vielen Schwierigkeiten mit anderen Menschen. Sie fühlt sich unverstanden und abgelehnt. Oft ist sie im privaten Leben und im Beruf herabgesetzt worden. Sie weint leise, als sie darüber spricht. Ich (I) ermutige sie, nach innen zu gehen, um mehr Kontakt zu sich zu bekommen.

I: Wie fühlen Sie sich jetzt?
F: Ich bin total aufgeregt. Ich habe große Angst.
I: Können Sie die Aufregung laut und direkt ansprechen und ihr vielleicht sagen: Aufregung, ich spüre dich?
F: *(Zaghaft:)* Aufregung, ich spüre dich. Ich habe Angst.
I: Wie fühlen Sie sich, wenn Sie so zu sich sprechen?
F: Ich finde das seltsam. Ein bißchen verrückt.
I: Können Sie jetzt auch die Angst ansprechen?
F: Das fällt mir schwer. Ich mag sie nicht. Ich will sie loswerden.
I: Wenn Sie die Angst spüren, ist sie in Ihnen. Ich kann Sie ermutigen, sie kennenzulernen, denn ich weiß, daß sie nicht bösartig ist.
F: *(Zaghaft:)* Na ja. Angst, ich habe Angst vor dir.

I: Wie sieht Ihre Angst aus oder wie fühlt sie sich an, wenn Sie zu ihr sprechen?

F: Ich will eigentlich gar nichts von ihr sehen oder spüren. *(Sie weint leise.)*

I: Was empfinden Sie, wenn Sie daran denken, daß Sie schon so lange von der Angst berührt werden und sie bisher nicht überwinden konnten?

F: Ich bin total hilflos. Ich weiß nicht, was ich noch machen soll. Niemand kann mir helfen.

I: Wollen Sie auch einmal der Hilflosigkeit sagen, daß Sie sie spüren?

F: Die mag ich aber auch nicht. Ich finde sie furchtbar. *(Ziemlich laut:)* Hilflosigkeit, ich finde dich scheußlich. Verschwinde endlich.

I: Was könnte geschehen, wenn sie noch größer würde?

F: Das wäre schrecklich. Ich glaube, sie bringt mich dann um. Ich sterbe schon fast, wenn ich nur daran denke, daß sie mich überfällt.

I: Wollen Sie es mal ausprobieren und sich Ihrer Hilflosigkeit anvertrauen?

F: *(Entsetzt:)* Nein, das will ich nicht.

I: Wie fühlen Sie sich, wenn Sie jetzt an den Tod denken? Hatten Sie schon manchmal Sehnsucht nach ihm?

F: *(Sie weint.)* Ja, ich wollte manchmal einfach sterben. Es war so schrecklich, wie die Menschen mit mir umgegangen sind. Unmenschlich. Wie soll man da noch leben können?

I: Können Sie dem Tod sagen, daß Sie manchmal große Sehnsucht nach ihm hatten?

F: *(Sie weint laut.)* Ja, Tod, ich habe mich ganz oft nach dir gesehnt. Ich konnte einfach nicht mehr. Aber ich habe auch ganz große Angst vor dem Sterben.

I: Wie fühlen Sie sich, wenn Sie so zum Tod sprechen?

F: Ich bin total traurig. Aber jetzt möchte ich nicht sterben.

I: Wie sieht der Tod aus, wenn Sie an ihn denken und zu ihm sprechen?

F: Oh, er ist ganz dunkel. Ich habe Angst. Er ist ganz bedrohlich.

I: Wollen Sie ihm sagen, daß Sie Angst vor ihm haben?

F: Tod, ich habe große Angst vor dir. Du kannst mich zerstören.

I: Könnten Sie trotzdem dichter an ihn herangehen, sich vielleicht sogar von ihm berühren lassen?

F: *(Sie schüttelt sich voller Angst.)* Nein, das kann ich nicht. Das will ich auch nicht. Ich will nicht sterben.
I: Sie müssen es auch nicht tun. Aber spüren Sie, daß Ihr Körper hier ganz sicher liegt. Sie haben die Augen geschlossen und sehen und spüren nach innen. Dort gibt es einen Tod, mit dem Sie sich vertrauter machen können. Nach dem hatten Sie Sehnsucht. Der wird Sie nicht zerstören.
F: Nein, ich will nicht zu ihm gehen. Ich will ihn auch nicht berühren. Ich will leben.
I: Wollen Sie dem Tod sagen, daß Sie kein Vertrauen zu ihm haben und sich vor ihm schützen?
F: Tod, ich schütze mich vor dir. Ich kann dir nicht vertrauen. Sonst bringe ich mich vielleicht um. Das will ich aber gar nicht.
I: Wie fühlt sich der Tod an, wenn Sie so zu ihm sprechen?
F: Er wirkt immer noch dunkel, aber eigentlich nicht mehr so drohend.
I: Und wie fühlen Sie sich?
F: Ich bin seltsamerweise etwas ruhiger geworden.
I: Können Sie Ihrer Ruhe sagen, daß Sie sie mögen?
F: Ja, Ruhe, dich mag ich sehr. Ich habe mich nach dir gesehnt. Ich bin ganz überrascht, dich jetzt zu spüren.
I: Merken Sie einmal, daß Sie sich ganz unangenehmen Dingen zugewendet und zu ihnen gesprochen haben. Und Sie liegen hier jetzt nicht zerrüttet, sondern ein bißchen ruhiger. Vielleicht ist das die Antwort Ihrer Angst, Ihrer Hilflosigkeit, Ihrer Trauer und Ihres inneren Todes.
Sie müssen sich also keineswegs zwingen, alles anzunehmen oder sich allem zu öffnen. Auch wenn Sie einem Teil von sich sagen: Ich habe Angst vor dir, oder: Ich kann dir nicht vertrauen, kommen Sie damit in Kontakt.
Machen Sie sich damit vertraut, daß alles in Ihnen ist und daß Sie sich im Laufe der Zeit dem langsam nähern können.
Wie geht es Ihnen jetzt?
F: Eigentlich ganz gut für das, was ich hinter mir habe. Ich habe es gar nicht erwartet. Ich freue mich ein bißchen.
I: Dann sprechen Sie doch auch Ihre Freude an.
F: Freude, ich mag dich. Ich habe dich vermißt.

Eine schwer an Krebs erkrankte Frau
begegnet ihrem inneren Tod

Von einer Bekannten wurde ich gebeten, eine mir bis dahin unbekannte Frau (F) im Krankenhaus zu besuchen. Sie war schwer an Krebs erkrankt und hatte den sehnlichen Wunsch, »zu sich zu kommen«. Als ich (I) sie im Bett liegen sah, konnte ich die Schwere ihrer Erkrankung nicht erkennen. Sie war vielleicht Mitte Vierzig und freute sich, mich zu sehen. Schon als ich mit ihr über innere Erfahrungen sprach, sagte sie, daß sie eine unvorstellbare Sehnsucht habe, sich vor ihrem Tode innerlich besser kennenzulernen. Sie habe fast ihr ganzes Leben lang geahnt und gespürt, daß es eine Seele gebe. Sie habe nur nie gewußt, wie sie nach innen gehen könne. Als sie von mir gehört habe, sei ihr klargeworden, daß ich ihr vielleicht helfen könne. Sie weinte vor Trauer und Freude, als sie so zu mir sprach.

Ich ermutigte sie dann, sich direkt zu spüren und mit sich zu sprechen. Sie sah sofort deutliche innere Bilder und war völlig überrascht und begeistert, wie leicht es ihr fiel, so mit sich umzugehen. Sie besuchte ihr Herz, das ganz und gar liebevoll mit ihr umging. Sie sprach mit all den angenehmen und unangenehmen Gefühlen, die dabei aufkamen. Sie war immer wieder betroffen, als sie merkte, daß sie alles zulassen konnte und ihr nichts Unerträgliches oder Böses geschah.

So wendete sie sich auch ihrem kranken Körper zu. Sie spürte Schuldgefühle, als sie seinen leidenden Zustand erlebte. Sie sprach den Körper, ihre Schuldgefühle und ihre Ängste an. Sie war immer wieder überrascht, wie undramatisch alles verlief. Sie wurde stiller und geradezu fröhlich.

Dann fragte ich sie, ob sie sich jetzt auch dem Krebs zuwenden könne. Sie war zuerst erschrocken:

F: Es fällt mir schwer. Ich habe Angst.
I: Sagen Sie doch der Angst, daß Sie sie spüren und vielleicht auch zulassen.

F: Angst, ich spüre dich. Ich kann dich auch zulassen.

I: Wie sieht Ihre Angst aus, wenn Sie so zu ihr sprechen?

F: Sie ist dunkel und dick. Sie hat keine rechte Form.

I: Könnten Sie sich dieser Angst anvertrauen und es ihr sagen?

F: Das fällt mir schwer. Sie könnte mich ganz umschlingen.
Vielleicht spüre ich dann nichts anderes mehr.
Aber ich will es versuchen.
Angst, jetzt vertraue ich mich dir an. *(Sie wird ganz still.)*

I: Was macht die Angst mit Ihnen?

F: Gar nicht so viel. Ich bin von ihr umhüllt. Es ist dunkel, aber nicht
unangenehm.
Das hatte ich ganz anders erwartet.

I: Dann sagen Sie ihr, daß Sie sie so ertragen können.

F: Angst, ich finde dich schon fast angenehm.

I: Wie verhält sie sich, wenn Sie ihr das sagen?

F: Sie freut sich. Das ist schon verrückt.
Die Angst kann sich freuen. *(Die Frau lacht laut.)*

I: Sie lernen sie jetzt kennen. Sie ist ein Teil von Ihnen. Vielleicht war
sie schon immer freundlich. Sie haben es nur nicht gewußt.
Wie fühlen Sie sich, wenn Sie an Ihre schwere Erkrankung denken,
an Ihren Krebs?

F: Das macht mir angst und macht mich auch sehr betroffen. Ich weiß,
daß es ganz schlecht um mich steht. Die Ärzte haben alles getan. Sie
haben nur noch wenig Hoffnung. *(Sie weint.)*

I: Wollen Sie einmal versuchen, auch zu Ihrem Krebs Kontakt aufzunehmen?

F: Geht denn das? Wird es dann nicht schlimmer?
Jetzt habe ich wieder große Angst.

I: Sie können Ihre Angst bewußt mitnehmen und dem Krebs sagen:
Krebs, ich komme jetzt zu dir.
Wenn es Ihnen unerträglich wird, können Sie stopp! sagen, die Au-
gen öffnen und abbrechen.

F: Angst, ich spüre dich. Ich kann dich ertragen. Komme mit, wenn ich
zu dem Krebs gehe.
(Ganz zaghaft:) Krebs, ich will dich besuchen. Du machst mir angst.

I: Was spüren Sie oder was sehen Sie, wenn Sie Ihren Krebs ansprechen?

F: Es ist sogar ziemlich ruhig in mir geworden. Die Angst ist immer
noch dick und dunkel.

Der Krebs ist an mehreren Stellen im Körper zu spüren.
Er fühlt sich an wie eine starke Energie. Die ist warm und pulsierend. Sie ist mir überhaupt nicht geheuer.

I: Sprechen Sie zu Ihrem Krebs und sagen Sie ihm, was Sie spüren.

F: Krebs, du bist mir nicht geheuer. Ich spüre deine große Kraft, die mich zerstören will. Sie pulsiert in mir. Es ist schrecklich.

I: Wie verhält sich der Krebs?

F: Es ist fast, wie wenn er zuhört.
Er fühlt sich nicht mehr ganz so bedrohlich an. Die Kraft wirkt ein bißchen weicher.

I: Wie fühlen Sie sich, wenn Sie merken, daß er Sie hört und auf Sie reagiert?

F: Das wundert mich sehr.
Wenn ich das jetzt spüre, werde ich ganz traurig. *(Sie weint.)*
Hätte ich das nur vorher gewußt. Vielleicht wäre alles ganz anders gekommen.
Ich habe ihn immer nur als Feind gesehen und nie mit ihm gesprochen. Und jetzt wird er gleich weicher, wenn ich nur ein paar Worte zu ihm sage. Das berührt mich tief.

I: Könnten Sie ihm sagen, daß er im Augenblick zu Ihnen gehört?

F: Das fällt mir schwer. Aber eigentlich stimmt es ja.
Krebs, du bist ein Teil von mir. *(Sie weint leise.)*

I: Wie verhält er sich, wenn Sie ihm das zum ersten Mal sagen?

F: Er wird noch ruhiger. Es ist fast, wie wenn er sich freut.
Aber das kann wohl nicht sein.

I: Wie geht es Ihrem Herzen, das das alles miterlebt? Ist es ruhig oder aufgeregt?

F: Mein Herz ist ganz ruhig, es strahlt und freut sich.

I: Wie fühlen Sie sich, wenn Sie merken, daß Ihr Herz den Krebs ertragen kann und sich nicht aufregt und daß es vielleicht sogar zu Ihrem Leiden Vertrauen hat?

F: Das freut mich sehr. Ich habe eigentlich immer versucht, mein Herz vor dem Leiden zu bewahren. Und jetzt muß ich es nicht mehr.
Herz, ich danke dir für dein Vertrauen.

I: Spüren Sie, daß Sie selbst auch dieses Herz und sein Vertrauen sind.
Wenn Sie möchten, können Sie jetzt mit Ihrem Herzen und mit Ihrer Angst einen Teil Ihres Krebses im Körper besuchen.

F: Herz, möchtest du mit mir zum Krebs gehen?

Es nickt und lächelt sogar. Das ist wirklich erstaunlich.

I: Sie können sich vom Herzen an die Hand nehmen lassen. Wenn Sie Angst haben, nehmen Sie die auch mit. Wo gehen Sie hin?

F: Ich sehe einen Krebs im Rücken. Krebs, ich komme zu dir, obwohl es mir immer noch nicht geheuer ist.

I: Was sehen oder spüren Sie da?

F: Der Krebs ist eine ziemlich dunkle Masse. Er ist an einigen Stellen ausgefranst. Ich gehe jetzt mit dem Herzen und mit der Angst dichter heran.

I: Wenn Sie können, berühren Sie ihn mit Ihren inneren Händen.

F: Na ja. Ich versuche es. Ich berühre ihn ganz vorsichtig. *(Nach einer Pause:)* Er fühlt sich warm und sogar weich an. Und im Inneren pulsiert er. Er ist ganz lebendig. Das macht mir angst.

I: Wie verhält sich der Krebs? Spürt er, daß Sie ihn berühren? Reagiert er darauf?

F: Er ist eigentlich ruhig. Wenn ich nicht wüßte, daß es der zerstörerische Krebs ist, würde ich ihn sogar für freundlich halten.

I: Wie verhält sich Ihr Herz, das Sie begleitet?

F: Es ist ruhig und sieht sich freundlich und gelassen den Krebs an.

I: Wie fühlen Sie sich jetzt, wenn Sie daran denken, daß Sie an Ihrem Krebs sterben könnten?

F: Jetzt bin ich noch trauriger als sonst, weil ich merke, wie schön und interessant es ist, wenn man innerlich mit sich lebt. *(Sie weint.)* Das habe ich nie gewußt. Aber ich hatte schon lange Sehnsucht danach.

I: Hatten Sie auch schon Sehnsucht nach dem Tod? War Ihnen Ihr Leben manchmal zu schwer?

F: *(Sie weint.)* Ich hatte in den letzten Jahren öfter das Gefühl, daß alles sinnlos ist.
Ich hatte eigentlich gar nicht so große Probleme. Aber alle die vielen kleinen Dinge haben mich richtig zermürbt.
Manchmal wußte ich wirklich nicht mehr, was ich hier noch sollte.
Und dann kam immer wieder diese Todessehnsucht, die ich kaum in den Griff bekommen konnte. *(Sie weint laut.)*
Und jetzt sterbe ich.
Ich habe große Schuldgefühle. Ich glaube, daß der Krebs eine Strafe ist, weil ich eigentlich an Kleinigkeiten so verzweifelt bin. Ich hatte es doch im Grunde gut.
Was habe ich falsch gemacht? *(Sie weint.)*

I: Wie verhält sich Ihr Herz, wenn es Sie so erlebt?

F: Es sieht mich ganz liebevoll an und drückt mich. Das tröstet mich richtig.

I: Wollen Sie es fragen, ob Ihr Leben – von innen gesehen – immer sinnvoll und richtig war, auch wenn Sie es manchmal nicht ertragen konnten?

F: Herz, war mein Leben richtig? Es lächelt und nickt. Es sagt: Du bist deinen Weg gegangen. Und wenn sich deine Sehnsucht erfüllt, ist das kein Fehler. Deine Sehnsucht bringt dich an die richtige Stelle, auch wenn der Weg dahin voller Leiden ist. *(Sie weint still.)* Ich kann es kaum glauben. Hätte ich das nur früher gewußt! Aber jetzt muß ich wohl mein Schicksal annehmen. Mein Herz hilft mir sehr dabei.

I: Können Sie Ihrem Tod sagen, daß Sie jetzt an ihn denken?

F: Der Tod macht mir große Angst, obwohl ich weiß, daß er mir nahe ist. Ich spüre schon manchmal die Berührung des Todes.

I: Dann sagen Sie ihm doch, daß er Ihnen angst macht.

F: Tod, ich weiß, daß du mir nahe bist. Du machst mir angst.

I: Wie fühlen Sie sich, wenn Sie ihm das sagen?

F: Eigentlich ganz gut.

I: Und wie geht es Ihrem Herzen dabei?

F: Es ist ganz ruhig und liebevoll. Das freut mich.

I: Können Sie Ihrem Tod auch sagen, daß Sie Sehnsucht nach ihm hatten?

F: Tod, ich habe früher oft mit Sehnsucht an dich gedacht. Das tut mir jetzt leid.

I: Wie sieht der Tod aus, wenn Sie so zu ihm sprechen?

F: Da steht ein Mann und lächelt. Das kann er doch nicht sein. Der Tod ist doch dunkel und schrecklich.

I: Fragen Sie ihn.

F: Bist du mein Tod? *(Nach einer Weile:)* Er lacht und sagt ja. Also, das kann ich nicht glauben.

I: Gehen Sie doch zu ihm hin und berühren Sie ihn. Lernen Sie ihn kennen.

F: Ich gehe hin. Er läßt sich berühren und fühlt sich warm und sogar kraftvoll an.

Er mag das offensichtlich. Er legt mir seine Hand auf die Schulter. Das fühlt sich schön an.

I: Sie sehen, danach kann man wirklich Sehnsucht haben. Jetzt lernen Sie den Tod kennen, der Sie schon oft gelockt hat. Ich nenne ihn den inneren Tod.

Spüren Sie, daß Ihr Körper noch da ist, wenn Sie diesem Tod begegnen.

Wenn Sie möchten, vertrauen Sie sich ihm an und lassen sich von ihm in die Arme nehmen.

F: Das fällt mir nicht schwer.

Es ist eine wunderbare Umarmung. Warm und weich und kraftvoll. Wie von einem geliebten Mann. Ich genieße es sehr.

Der Tod sagt mir, daß er schon immer so in mir war. Er hat auf mich gewartet. Er sagt, er wird immer dasein, auch wenn ich physisch sterbe. Dann wird er mich in seinen Armen halten und mich hinüberbringen, sagt er.

(Nach einer Weile sagt sie ganz still:) Ich bin glücklich.

I: Sie können sich schon jetzt von ihm hinüberbringen lassen. Das Jenseits ist nicht woanders, und es kann auch nicht erst nach dem physischen Tod erreicht werden: Es ist ein Seelenzustand.

Sie könnten es ausprobieren und sagen: Tod, bringe mich dahin, wohin du mich bringen willst.

F: Es macht mir schon angst, aber ich tue es.

Tod, bringe mich hin, wohin du mich schon immer bringen wolltest. Ich vertraue mich dir ganz an.

I: Und jetzt lassen Sie geschehen, was geschieht.

Sie liefern sich Ihrer Seele aus.

(Nach einer Weile:) Was macht der Tod mit Ihnen?

F: *(Sie wirkt weich.)* Er trägt mich weit weg.

In den Himmel, in das Licht, in die Weite, in den Frieden.

(Sie spricht still:) Es ist unbeschreiblich. Alles erfüllt sich in diesem Augenblick.

Es ist die Erlösung.

Es ist das Glück.

(Nach einer langen Stille:) Jetzt weiß ich, wer ich bin.

Mein Leben war die Sehnsucht, dahin zu kommen.

Mein Leben hat sich erfüllt.

(Sie bleibt lange still in sich.)

Ich habe die Frau noch einmal besucht und eine ähnlich intensive Reise mit ihr gemacht. Eine Woche danach ist sie gestorben. Alle, die ihren Tod miterlebten, waren tief berührt von dem Vertrauen, das sie im Sterben hatte, und von dem Frieden, in dem sie hinübergegangen ist.

Sich einer starken inneren Bedrohung ausliefern

Eine junge Frau (F) schildert mir, daß sie seit ihrer Kindheit starke innere Bilder und Träume hat, die zum Teil unerträglich bedrohlich und zerstörerisch sind. Die Frau mag kaum davon erzählen, denn sie ist vielfach ermahnt worden, sich endlich davon zu lösen.

Sie hat Therapien hinter sich und muß zeitweise Medikamente nehmen, um diese Bedrohungen nicht dauernd zu spüren. Nur so kann sie ein einigermaßen normales Leben führen. Unter Verwandten und Freunden gilt sie als labil und manchmal als gestört.

Sie löst bei anderen Menschen Ängste und Abwehr aus, wenn sie versucht, über das zu sprechen, was in ihr geschieht oder wovon sie träumt.

Sie weint, während sie mir das erzählt, und hat große Angst, nach innen zu gehen. Ich (I) ermutige sie, es trotzdem zu versuchen. Ich sage ihr, daß ich sie nicht drängen werde und daß sie in jedem Augenblick abbrechen kann, indem sie es mir sagt oder einfach die Augen öffnet und sich wieder ins Wachbewußtsein begibt.

I: Wie fühlst du dich jetzt?
F: Ganz schlecht. Ich zittere vor Angst. Eigentlich möchte ich gleich wieder aufhören.
I: Willst du mal versuchen, die Angst laut und direkt anzusprechen, und vielleicht sagen: Angst, ich spüre dich?
F: Ich will sie endlich loswerden. Sie ist so schrecklich. Sie hat mir mein ganzes Leben versaut. Ich hasse sie.
I: Dann sage das deiner Angst.
F: Angst, ich hasse dich. Geh zum Teufel. *(Sie weint laut und zittert.)*

87

I: Wo spürst du sie denn besonders deutlich?

F: Eigentlich überall. Aber besonders mein Herz rast. Ich habe Angst, daß es zerspringt. Wie es das bloß alles durchgehalten hat?

I: Bist du mit deinem Herzen vertraut? Möchtest du es besuchen, wenn es jetzt so deutlich ist?

F: Ich kenne mein Herz kaum. Wie kann ich es besuchen? Das macht mir noch mehr angst. Wenn es mich dann nicht mag?

I: Wenn du möchtest, könntest du sagen: Herz, ich komme jetzt zu dir. Und deine Angst kannst du mitnehmen. Du mußt sie nicht vorher überwinden.

F: Gut. Herz, ich komme jetzt. Angst, ich spüre dich.

I: Wie sieht dein Herz aus, wenn du ihm näherkommst?

F: Es ist klein und dunkel, und es flattert vor Angst.

I: Geh doch trotzdem ein bißchen dichter heran und, wenn es dir möglich ist, berühre es vorsichtig mit deinen inneren Händen.

F: Herz, ich berühre dich. Es ist ganz warm und zart. Hoffentlich mache ich nichts kaputt.

I: Wie verhält sich dein Herz, wenn du bei ihm bist?

F: Es ist ein bißchen ruhiger geworden. Ich glaube fast, daß es sich sogar freut.

I: Wie fühlst du dich, wenn du merkst, daß dein Herz sich nicht noch mehr aufregt, wenn du es berührst?

F: Ich bin erleichtert.

I: Dann sage es deinem Herzen.

F: Herz, ich freue mich, daß du ruhiger geworden bist. Ich bin erleichtert.

I: Frage es doch einmal, ob es sich freut, daß du bei ihm bist?

F: Es sagt sofort ja und lächelt sogar. Das kann ich kaum glauben. Es ist noch ruhiger geworden und ein bißchen heller. So etwas!

I: Willst du es auch einmal fragen, ob es gern mit dir lebt? So wie du bist? Auch mit deinen großen Problemen?

F: Und wenn es dann nein sagt?
(Zögernd:) Gut, ich versuche es.
Herz, lebst du gern mit mir, mit meinen ganzen Schwierigkeiten? Es lacht und sagt ja. Es nickt dabei. Ich muß richtig lachen. Das gibt es doch nicht.

I: Du lernst dich kennen. Du bist auch dieses Herz mit seinem Vertrauen. Wenn du möchtest, frage es, ob es dich in seine Arme nimmt.

F: Das macht es. Es ist ganz warm und angenehm. Und es freut sich.

Jetzt ist das Herz viel ruhiger, und ich bin es auch. Es ist erstaunlich. Ich habe keine Angst mehr.

I: Erinnere dich, daß du nicht mehr so gegen deine Angst gekämpft hast. Du hast sie sogar zu deinem Herzen mitgenommen. Und jetzt ist es ruhiger geworden. Das ist dein Vertrauen, das du bei deinem Herzen gefunden hast. Damit ist deine Angst nicht weg. Aber vielleicht gewinnst du zu ihr jetzt auch mehr Vertrauen. Vielleicht ist sie ganz anders, als du bisher gedacht hast. Wenn du willst, könntest du sagen: Angst, ich denke jetzt an dich.

F: Na gut. Angst, ich denke an dich. Wenn du nicht da bist, kann ich dich gut ertragen. *(Sie lacht.)*

I: Sage doch deiner Freude, daß du sie magst.

F: Freude, dich habe ich schon lange nicht mehr gespürt. Dich mag ich natürlich.

I: Spüre die Berührung deines Herzens. Spüre deine Freude, deine Ruhe und dein Vertrauen und genieße sie. Du hast dich nicht angestrengt, dahin zu kommen, und du hast auch nicht gegen etwas in dir gekämpft.
(Nach einer ganzen Weile:) Wie fühlst du dich, wenn du jetzt bei deinem Herzen an die bedrohlichen Träume denkst?

F: Da kommt gleich meine Angst wieder. Aber sie ist nicht so riesig.

I: Kannst du deiner Angst sagen, daß du sie so noch ertragen kannst und daß sie dabeisein kann?

F: Angst, ich kann dich ertragen, ich lasse dich zu.

I: Wie fühlst du dich jetzt?

F: Es ist ganz angenehm. Mein Herz bleibt ziemlich ruhig.

I: Was siehst du, wenn du dich jetzt an einen unangenehmen Traum erinnerst?

F: Es ist ziemlich schlimm. Aber es geht noch. Da sind schon die lauten Geräusche, wie Sturm und Wasser. Es ist dunkel, aber blitzt immer wieder. Wie im Horror-Film. Aber das Schlimmste ist noch nicht da. So beginnt es immer.

I: Bitte dein Herz und deine Angst, bei dir zu sein.

F: Herz, berühre mich. Angst, du kannst dabeisein, ich kann dich ertragen.

I: Und was geschieht jetzt im Dunkeln mit den Blitzen und den lauten Geräuschen?

F: Jetzt kommt es langsam heran. Es knackert, wenn es herankriecht. *(Voller Angst:)* Ich weiß nicht, ob ich das durchhalte. Es ist zu schrecklich.

Es ist ein großes Monster mit glühenden Augen und einem Maul mit großen Zähnen. *(Sie stöhnt und weint laut.)* Ich darf es nicht herankommen lassen. Es bringt mich um.

I: Sprich es doch trotzdem an und sage ihm, daß du entsetzliche Angst vor ihm hast. Und bitte es, stehenzubleiben.

F: Monster, ich habe Panik, wenn ich dich sehe. Halte an, ich kann nicht mehr. *(Erstaunt:)* Es bleibt wirklich stehen. Es wird alles sogar ein bißchen ruhiger und etwas heller. Das wundert mich aber.

I: Du bist in dir. Das ist – Gott sei Dank – keine Bedrohung von außen. Und die kannst du kennenlernen.

Wie fühlst du dich, wenn du daran denkst, daß dich dieses furchtbare Monster umbringen könnte?

F: Einfach nur Panik.

Aber manchmal denke ich auch, dann ist wenigstens alles vorbei. *(Sie weint heftig.)* Dann muß ich mich nicht mehr so herumquälen mit mir und den anderen und mit Therapeuten und Medikamenten. Es nützt ja alles nichts.

Manchmal möchte ich sterben. *(Sie weint laut und lange.)*

I: Willst du dem Tod sagen, daß du nach ihm Sehnsucht hast?

F: Ja. Tod, ich habe riesige Angst vor dir, aber tief im Herzen habe ich auch große Sehnsucht nach dir. *(Sie weint.)*

I: Wie sieht der Tod aus, wenn du so zu ihm sprichst?

F: Er steht direkt neben dem Monster, das jetzt ziemlich ruhig ist. Der Tod ist ganz klein dagegen, aber er scheint keine Angst vor dem Monster zu haben. Und das hat sogar Respekt vor ihm. Der Tod sieht freundlich, aber auch kraftvoll aus. Ich glaube, der könnte das Monster schaffen. *(Sie lacht.)*

I: Frage den Tod, ob er zu dir kommt.

F: Soll ich das wirklich? Und wenn ich dann sterbe?

Das möchte ich jetzt doch nicht. Ich habe schon wieder Angst. Aber sie ist nicht so groß.

Das Monster steht da einfach und guckt zu.

(Zögernd:) Tod, komme näher. Aber wenn ich will, gehe auch wieder weg.

Er nickt und kommt näher.

Er ist ein netter Mann, ziemlich jung sogar. Hätte ich nicht gedacht.

Sonst ist er doch immer ein Gerippe.

I: Wie fühlst du dich, wenn dir der Tod näherkommt?

Wenn du willst, sage es ihm.

F: Tod, ich fühle mich ziemlich wohl, wenn ich dich sehe. Du kannst noch näher kommen.

(Nach einer Weile:) Jetzt könnte ich ihn schon berühren. Er bleibt stehen. Er sieht richtig gut aus. Fast wie ein Freund. Das soll der Tod sein?

I: Das ist der Tod, nach dem du Sehnsucht hattest. Der ist in dir. Und mit dem kannst du dich vertraut machen. Der wird deinen Körper nicht töten.

F: Hoffentlich. Es wäre schade, jetzt zu sterben. Das will ich auch nicht.

Der Tod bleibt freundlich und ruhig stehen. Ich berühre ihn ganz vorsichtig. Er läßt das zu. Er ist richtig warm. Er mag das und freut sich. Ich kann es immer noch nicht glauben. Und jetzt sieht es fast so aus, als grinse das Monster, das uns zusieht. Das gibt es ja wohl nicht.

I: Wenn du möchtest, lasse dich von dem Tod in die Arme nehmen. Und frage ihn, ob er in dir ist und ob er dich schon oft gerufen hat.

F: Tod, du kannst mich jetzt in die Arme nehmen.

(Nach einer Weile:) Es ist richtig schön. Er ist weich und liebevoll. Und auch ein Mann.

Bist du in mir? Warst du schon immer da?

Er nickt und freut sich.

Tod, ich mag dich. Ich finde dich richtig gut.

I: Du kannst ihn fragen, ob er mit dir zu dem Monster geht, wenn du es möchtest. Das kannst du nämlich auch kennenlernen. Und vielleicht ist das auch anders, als du es bisher gedacht hast.

F: Au, das macht mir aber gleich wieder angst.

Das Monster sieht schon ein bißchen netter aus. Aber zu ihm hingehen?

(Zögernd:) Tod, sollte ich zu dem Monster hingehen oder nicht?

Seltsam. Er lächelt und nickt.

(Zögernd:) Tod, kommst du mit. Schützt du mich?

Er lächelt und nickt.

Jetzt sagt er was Komisches. Er sagt, ich muß dich nicht schützen. *(Unsicher:)* Na, hoffentlich geht das gut.

I: Wie geht es deinem Herzen, das das alles miterlebt?

F: Das hatte ich ganz vergessen. Es ist ganz ruhig. Es regt sich überhaupt nicht auf.

Das finde ich ganz toll.

I: Spüre das als Ermutigung und sage deiner Angst, daß sie auch mitkommen kann.

Du läßt dich vom Tod an die Hand nehmen, und dann geht ihr zum Monster. Wenn es dir ganz unerträglich wird, brichst du ab.

F: Angst, komme auch mit. Du bist ziemlich groß. *(Ängstlich:)* Wir gehen ziemlich langsam.

Gott sei Dank bleibt das Monster ruhig. Es guckt nur interessiert, wie wir zu ihm kommen. Noch ist es ganz friedlich. Ich habe trotzdem Angst.

Monster, wir kommen zu dir. Bleib schön friedlich. Wir tun dir nichts. *(Sie lacht ein bißchen gequält.)*

Es ist wirklich riesig. So ein großer Kopf und so ein Maul. Schrecklich. Ein Horror-Film.

(Unsicher:) Tod, ist das immer noch in Ordnung? Willst du wirklich noch dichter herangehen?

Der hat wirklich Vertrauen. Er lächelt immer noch und ist ganz ruhig.

I: Wie verhält sich das Monster, wenn ihr dichter herangeht?

F: Es guckt und wartet ab. Es wirkt ein bißchen freundlich, aber auch ganz schön unheimlich.

Ich will es mal ansprechen.

Monster, ich will dich kennenlernen. Deswegen komme ich zu dir. Es sagt nichts. Es bleibt aber ruhig stehen.

Der Tod meint, daß ich es berühren sollte. Das macht mir wieder viel angst.

So ein großes Viech mit so großen Beinen und einem Riesenmaul.

(Sie schreit voller Entsetzen:) Nein, nein. Das nicht. ... Es ist schrecklich. Der große Kopf ist runtergekommen. Jetzt hat das Viech mich und den Tod zwischen den großen Zähnen. *(Sie weint und heult.)*

I: Wie verhält sich der Tod?

F: Der ist auch überrascht. Aber er ist ganz ruhig.

I: Frage ihn, ob er Vertrauen zu dem hat, was da jetzt passiert. Ob du dich allem ausliefern kannst.

F: Er lächelt und sagt, daß ich alles zulassen kann. Es ist wichtig.

I: Wenn du Vertrauen zu deinem Tod hast, dann sage es ihm.

F: Tod, ich habe Vertrauen zu dir. Und ich versuche zuzulassen, was geschieht.

Kratsch, jetzt hat das Monster uns zerbissen.

Der halbe Tod lächelt immer noch.

Und es tut gar nicht weh.

Trotzdem ist es furchtbar.

Und jetzt zerkaut uns das Monster mit Genuß.

Es schmatzt richtig dabei.

Also, das ist mein Ende.

I: Laß es geschehen. Du bist ja schon bei deinem Tod. Kannst du es noch ertragen?

F: Dafür, daß es so absolut scheußlich ist, fühle ich mich einigermaßen.

Das Monster kaut und kaut. Der Tod und ich und mein Herz sind schon ein richtiger Brei. Und jetzt schluckt es uns runter.

Wir rutschen in den dicken Bauch hinein.

Da ist es ganz dunkel und ziemlich warm.

Ich fühle mich ganz weich und matschig.

Der Tod und das Herz sind mit in dem Matsch.

Das fühlt sich schon fast gut an.

Und jetzt rülpst das Vieh, und wir fliegen wieder aus seinem Maul heraus.

Es ist völlig verrückt.

Da steht der Tod und lacht laut.

Da tanzt das Herz, und ich bin auch wieder ganz.

Mein Gott, bin ich erleichtert. Ich freue mich.

Du wirst es kaum glauben, das Monster ist ganz klein geworden, oder wir sind ganz groß geworden.

Jetzt sieht es fast wie ein normaler Hund aus.

Er grinst und wedelt mit dem Schwanz. Und jetzt leckt er meine Hand.

Nee, das glaube ich nicht.

I: Du lernst dich kennen. Wenn du willst, frage den Hund, wer er in dir ist.

F: Er sagt: Ich bin deine Kraft. Du hattest bisher wenig Vertrauen zu mir. Wenn ich zu dir kam, hast du dich immer mehr vor mir geschützt.

Und bald hast du geglaubt, daß ich ein riesiges Monster bin, dem du überhaupt nicht mehr vertrauen kannst. So hast du mich dann in deinen Träumen gesehen.

Aber ich war nie so riesig. Wenn du mit mir lebst, hast du viel Kraft.

Aber die ist nicht zu groß, sondern gerade richtig für dich.

I: Wie fühlst du dich, wenn du das hörst?

F: Kann es so einfach sein? Ich glaube es immer noch nicht richtig.

I: Es war ja nicht einfach. Du hast sehr viel Angst zugelassen und dich an den Tod und an das Monster ausgeliefert.

So etwas kann hier kaum jemand, weil fast alle glauben, daß diese inneren Bedrohungen zerstörerisch oder gar tödlich seien.

Du weißt es jetzt besser und kannst offener und vertrauter mit deiner inneren Welt umgehen. Deine Seele kann dir unendlich viel schenken, wenn du mehr Vertrauen zu ihr hast.

Wenn du wieder einmal Todessehnsucht spürst, kannst du ihr zu deinem inneren Tod folgen, der noch viel mehr ist als das, was du eben mit ihm erlebt hast.

Und wenn du an innere Bedrohungen denkst oder dramatisch träumst, kannst du dich daran erinnern, daß du dich dem anvertrauen und sogar ausliefern kannst.

Nichts wird dich zerstören oder töten. Alles wird dir Vertrauen und Lebenskraft schenken. Selbst der innere Tod, der dich manchmal lockt.

Sich innerlich »zerstören« lassen

Eine Frau mit einer schweren Krebserkrankung im Beckenraum hatte ich schon durch mehrere innere Erfahrungen mit außerordentlich intensiven Eindrücken begleitet.

Sie hatte eine Strahlenbehandlung sehr bewußt mit ihrem Körper, ihren Gefühlen und inneren Vorgängen erlebt. Die anschließende ärztliche Untersuchung ergab jedoch, daß der Tumor auf die Bestrahlung nicht so reagiert hatte, wie man es gewünscht hatte. Drei Ärzte im Krankenhaus unterrichteten die Frau über den Befund und sprachen davon, eventuell eine Totaloperation im Beckenraum vornehmen zu müssen. Die kranke Frau fand das kühle, fachliche Verhalten der Ärzte unerträglich. Mit solchen Gefühlen kam sie zu einer weiteren inneren Erfahrung zu mir.

Im folgenden gebe ich (I) einen Teil der sehr dramatischen Erfahrungen dieser Frau (F) wieder, auch um zu zeigen, wie weit man im Inneren gehen darf und kann:

I: Wie fühlst du dich, wenn du an die Ärzte denkst?

F: *(Sie weint.)* Sie sind ein Horrorteam.

I: Kannst du ihnen sagen, daß du traurig bist und dich verletzt fühlst?

F: *(Sie weint.)* Ich bin ganz traurig und tief verletzt.

I: Wie verhalten sie sich?

F: Einer weint auch, und die beiden anderen wenden sich ab.

I: Wie fühlst du dich, wenn du daran denkst, daß der Beckenraum vielleicht von ihnen operiert werden muß?

F: *(Sie schüttelt sich.)* Es ist ganz furchtbar. Ich habe große Angst.

I: Kannst du deiner Angst sagen, daß du sie jetzt zuläßt?

F: Angst, du bist sehr groß. Aber ich kann dich zulassen. Jetzt werde ich wieder ein bißchen ruhiger.

I: Dann sage doch deiner Ruhe, daß du sie magst.

F: Ruhe, ich freue mich über dich.

I: Wie verhält sich das Horrorteam, wenn es dich so erlebt?

F: Sie sind kühl und geschäftig.

I: Willst du sie einmal fragen, ob sie auch in dir sind?

F: Das fällt mir sehr schwer. Ich finde sie furchtbar. Aber ich weiß, daß ich früher auch öfters so kühl und geschäftig mit mir und anderen umgegangen bin. Es ist mir nur sehr unangenehm, zu denken, daß das Horrorteam ein Teil von mir ist.
Na gut, ich frage sie.
Seid ihr in mir?
Sie sagen sofort ja.
Das ist ja schrecklich. *(Sie weint.)*

I: Könntest du dich ihnen jetzt anvertrauen und dich von ihnen operieren lassen, auch wenn sie den Beckenraum ganz ausräumen?

F: Nein, das werde ich nicht zulassen. Ich fühle mich bedroht und ausgeliefert. Ich habe große Angst.

I: Kannst du das den Ärzten sagen?

F: *(Sie weint laut.)* Ich will mich euch nicht ausliefern. Ich habe furchtbare Angst vor euch. Ich mag euch nicht.

I: Spüre, daß dein physischer Körper hier ganz sicher liegt. Es geht nicht darum, dich anderen Menschen auszuliefern. Das Horrorteam ist etwas in dir, zu dem du bisher kein Vertrauen hattest und das du jetzt besser kennenlernen könntest. Du lieferst dich an dich selbst aus.
Aber wenn du es nicht zulassen kannst, mußt du es nicht tun.

F: *(Unsicher und ängstlich:)* Na gut, ich versuche es. Aber ich finde es immer noch ganz schrecklich.

I: Sage doch deiner Angst und deinem Schrecken, daß sie dabeisein können.

F: Angst und Schrecken, ich nehme euch jetzt mit.
Ärzte, macht mit mir, was ihr wollt. *(Sie wird ganz still und starr.)*

I: Was machen sie da mit dir?

F: Sie schneiden den Beckenraum auf und nehmen alle Teile einfach heraus. Ich mag kaum hinsehen. Es ist furchtbar. *(Sie weint voller Angst.)* Und jetzt wird es noch schlimmer.
(Entsetzt:) Sie schneiden den ganzen Beckenraum mit den Beinen einfach ab!
Sie nehmen alles weg! Unten ist nichts mehr da!

I: Kannst du es noch ertragen?
Wenn es nicht mehr geht, sage stopp! und brich es ab.

F: Es geht noch.
Jetzt nehmen sie den Beckenraum und die Beine weg, packen sie in einen blauen Plastiksack und machen ihn zu. Von mir ist nur noch die obere Hälfte da, aber ich lebe noch. Die Männer sind kühl und machen hämische Bemerkungen über die halbe Frau.
(Hilflos und wütend:) Und jetzt gehen sie einfach weg und lassen mich liegen. Ich fühle mich ganz verlassen und einsam. Es ist ganz furchtbar.

I: Sprich doch auch deine Verlassenheit und Einsamkeit an.

F: Verlassenheit und Einsamkeit, ich kann euch kaum ertragen. Aber ich weiß, daß ihr auch zu mir gehört.

I: Könntest du deinem verstümmelten Körper sagen, daß er auch so zu dir gehört?

F: Das fällt mir ganz schwer.

I: Wie geht es deinem Herzen, das das alles miterlebt hat?

F: Es ist eigentlich ziemlich ruhig. Es wirkt ganz lebendig.

I: Wie fühlst du dich, wenn du merkst, daß dein Herz auch zu diesen furchtbaren Erfahrungen Vertrauen zu haben scheint und weiterhin lebendig schlägt?

F: Es wundert mich und freut mich.

I: Dann sage es deinem Herzen.

F: Herz, ich freue mich, daß es dir gutgeht und daß ich durch dich mein Leben spüre.

I: Willst du auch dein Leben ansprechen?

F: Leben, ich spüre dich und freue mich über dich. Ich glaube, daß ich manchmal ziemlich wenig Vertrauen zu dir hatte. Aber jetzt bist du einfach da.

(Erstaunt:) Das Leben ist eine Gestalt, die mich berührt. Zuerst war sie ziemlich dunkelgrau, jetzt wird sie deutlicher und heller. Sie ist warm und liebevoll.

(Erleichtert:) Leben, ich bin richtig froh, dich zu spüren. Ich dachte, du wärst verloren.

I: Möchtest du gern weiter auf der Erde leben? Auch mit diesem verstümmelten Körper?

F: Ja, das möchte ich. Körper, ich kann auch so mit dir leben, wie du jetzt bist.

Leben, ich habe dich durch meine Krankheit erst wieder zu schätzen gelernt. Bitte hilf mir, noch länger zu leben und Erfahrungen zu machen. Es ist alles so interessant, auch wenn es manchmal ziemlich schwierig ist.

I: Wie verhalten sich dein Körper und dein Leben, wenn du so zu ihnen sprichst?

F: Die freuen sich beide und ich mich auch. Das Leben ist noch heller und deutlicher geworden. Und der verstümmelte Körper fühlt sich eigentlich ganz gut an. So kann ich mit ihm leben.

I: Wie fühlst du dich, wenn du merkst, daß dir dein Leben so wertvoll geworden ist, daß du auch mit dieser Behinderung leben willst?

F: Ich bin selbst überrascht und beglückt.

I: Willst du jetzt auch einmal die abgetrennten Teile, den Beckenraum und die Beine, fragen, ob sie wieder mit dir leben wollen und können?

F: Beine und Beckenraum, ich möchte mit euch leben. Wollt ihr das auch?

Jetzt geht mein Leben zu dem Müllsack und holt die Beine und den

97

Beckenraum wieder heraus. Die sehen ganz dunkel aus. Und jetzt legt mein Leben den Beckenraum und die Beine wieder an den Körper. Die sehen noch ganz gut aus, aber irgendwie ist die Verbindung noch nicht wieder richtig. Da ist immer noch eine Trennung.

I: Was möchtest du ihnen sagen?

F: Beckenraum und Beine, helft mir doch, vertrauter mit euch zu werden und besser mit euch zu leben.

I: Und wie verhält sich dein Leben?

F: Das sieht ganz zuversichtlich aus.
Irgendwie fühle ich mich aber ziemlich komisch. Ich spüre Spannungen im Rücken und in den Beinen. Ich fühle mich ziemlich steif. Ich empfinde mich wie ein kleines Kind, das sich ganz steif macht, um nicht herausgehoben zu werden.

I: Sprich doch auch diese Steifheit an. Was macht dich so steif? Wovor hast du Angst?

F: Steifheit, ich spüre dich. Ich kenne dich von ganz früher. Jetzt sehe ich Tieraugen, die mich ansehen.
(Sie schüttelt sich vor Angst, atmet heftig durch den offenen Mund und kann eine Weile nicht mehr sprechen.) Es ist ganz furchtbar. Ich kann es nicht ertragen. Da sitzt eine riesige Ratte. Die ist viel größer als ich. Die guckt mich mit ihren furchtbaren Augen an. Die will mich fressen. Ich bin völlig ausgeliefert.

I: Kannst du ihr sagen, daß sie dir Panik macht?

F: Ratte, du bist ganz schrecklich. *(Laut:)* Geh weg! Ich will dich nicht!

I: Wenn du jetzt abbrechen möchtest, kannst du es tun.
Spüre aber auch, daß dein Körper hier ganz sicher liegt und daß du von etwas Innerem bedroht wirst. Dem könntest du dich zuwenden und sogar öffnen.
Frage diese furchtbare Ratte doch, ob sie in dir ist.

F: *(Erstaunt:)* Ratte, bist du in mir?
Sie bleibt ruhig sitzen und nickt. Trotzdem finde ich sie ganz schrecklich.

I: Könntest du dich ihr ausliefern und sagen: Mach mit mir, was du willst?

F: Oh, das fällt mir aber sehr schwer, obwohl ich mich schon vielem Bedrohlichen innerlich ausgeliefert habe. Ich bin ja so klein, und sie ist größer als ich. Sie könnte mich auffressen.

I: Du könntest es geschehen lassen, auch wenn es sehr unangenehm wird. Du lieferst dich – Gott sei Dank – niemand anderem aus, sondern einem Teil von dir. Und wenn es dir ganz unerträglich wird, machst du einfach die Augen auf und brichst es ab.

F: Na gut. Angst, sei bei mir. Ratte, mache mit mir, was du willst. *(Nach einer Pause:)* Jetzt beißt sie in meinen Kehlkopf, damit ich nicht schreien kann. Und jetzt frißt sie die linke Brustseite mit den Rippen. Sie hört auf und setzt sich hin und sieht in den offenen Brustraum hinein, wo das Herz bloß liegt und kräftig schlägt. Die Ratte macht nichts mehr. Sie sieht ganz neugierig aus und guckt sich interessiert das lebendige Herz an.

I: Wie fühlst du dich?

F: Ich bin überrascht. Ich kann es gar nicht glauben. Eigentlich fühle ich mich ziemlich ruhig. Mein Herz liegt ganz offen und verletzlich da, aber ich kann es gut ertragen. Es ist dunkelrot, kräftig und ganz lebendig.

I: Willst du wieder einmal dein Leben ansprechen und ihm sagen, daß du es jetzt in deinem Herzen spürst?

F: Das Leben steht wieder bei mir und ist noch deutlicher und heller geworden.
Leben, ich freue mich über dich.
Herz, ich danke dir, daß du so offen und lebendig sein kannst.
Ratte, so kann ich dich ertragen. Du siehst ja jetzt ganz weise und verständig aus.

I: Könntest du dich ihr, zusammen mit deinem Leben, noch einmal anvertrauen?

F: Ratte, mach mit mir, was du möchtest. Ich habe mehr Vertrauen zu dir.
Sie springt weg und zeigt mir, daß ich ihr folgen soll. Sie läuft vor mir her in einen dunklen Tunnel hinein. Ich folge ihr. Ich kann die Dunkelheit gut ertragen. Es geht immer weiter, der Tunnel scheint endlos zu sein. Und jetzt wird es auch noch eng.
Das macht mir angst. Ich könnte eingeklemmt werden und nicht mehr weiterkommen.

I: Dann sprich doch auch die Enge an.

F: Enge, du bist mir unheimlich, aber ich lasse dich zu. Irgendwie öffnet sich jetzt der Tunnel, es wird auch ein bißchen heller. Die Ratte winkt mir zu kommen. Es sieht aus wie eine verlassene U-Bahn-Station. Da sind viele Schienen, aber es fahren keine Züge mehr. Man kann nicht wegkommen. Es ist eine bedrohliche Stimmung.
Und da sind noch mehr Menschen. Es ist wie im Krieg bei einem

Angriff. Die Menschen laufen hin und her und suchen einen Ausweg. Und jetzt sind da Flammen. Es ist ein ganzes Feuer, das sich entwickelt. Das Feuer läuft auf uns zu. Die Menschen schreien. Ich habe große Angst. Es gibt kein Entkommen. Es ist schrecklich.

I: Nimm deine Angst mit und liefere dich, wenn es geht, auch dem Feuer aus. Du kannst deinen Tod bitten, bei dir zu sein.

F: Angst, ich lasse dich wieder zu.

Tod, sei bei mir.

Feuer, du kannst mit mir machen, was du willst.

Jetzt kommt die Feuerwand von rechts auf mich zu. Und dann geht sie durch mich hindurch und verbrennt alles. Alles ist ganz schwarz, und ich liege völlig verbrannt und verkohlt da.

Aber ich kann es ertragen. Ich fühle mich ganz ruhig. Jetzt sehe ich die Ratte. Sie ist nicht verbrannt. Sie ist viel kleiner geworden. Sie berührt mich mit ihrer Pfote. Es fühlt sich gut an.

Und da sind auch mein Tod und mein Leben. Sie gehen aufeinander zu und nehmen sich in die Arme.

(Sie weint vor Rührung.) Sie gehören zusammen. Sie sind nicht gegeneinander gerichtet. Ich kann es kaum glauben. Mein Körper ist wieder ganz und lebendig. Und mein Beckenraum und meine Beine gehören dazu. Jetzt spüre ich eine deutliche Verbindung vom Beckenraum zum oberen Körper. Das habe ich nie so empfunden. Es ist wirklich erst einmal ziemlich fremd.

Mein Leben und mein Tod – und auch meine Ratte – freuen sich. Und ich bin sehr froh und glücklich. Ich kann es nicht glauben. Diese Verbindung ist ganz neu. Die Energien fließen.

I: Du hast dich an sehr unvertraute und sehr bedrohliche eigene Energien ausgeliefert. Dadurch hast du Vertrauen zu ihnen gewonnen. Sie stehen dir mehr zur Verfügung.

F: Ich danke euch allen, die ihr in mir seid: dem Horrorteam, der Angst, der Ratte, dem Feuer, dem Leben und dem Tod. Ich kann es nicht fassen.

Mein Körper fühlt sich verbunden, aber auch noch fremd an.

Diese Erfahrung habe ich an das Ende der Beispiele gesetzt, weil sie sicher am Anfang nur schwer zu ertragen und kaum zu glauben ist. Sie ist noch eindringlicher als das Beispiel davor mit dem bedrohlichen Monster und dem inneren Tod.

Diese Frau macht durch ihre intensiven Bilder die ganze Kraft ihrer Seele, aber auch die innere und körperliche Krise dramatisch deutlich. Dabei macht es keinerlei Unterschied, woher die Bilder stammen. Es geht also keineswegs um die Ärzte, die diese Frau betreuen und behandeln. Deren Bilder zeigen das Ausgeliefertsein der Frau an eigene innere – vielleicht männliche – Teile, mit denen sie nicht vertraut ist.

Wer von den Einzelheiten berührt und schockiert ist, kann sich klarmachen, was alles im eigenen Inneren möglich ist und wie weit man sich dem öffnen kann.

Einige Themen der Todessehnsucht

In den vorstehenden inneren Erfahrungen der fünf Menschen mit Todessehnsucht und innerem Tod gibt es Strukturen, die ich in Begleitungen oft wiederfinde.

Im folgenden versuche ich, grundsätzlicher darzustellen, wie man meistens unbewußt an die Todessehnsucht gerät und wie man mit seinen Gefühlen bewußter innerlich umgehen kann.

Sehnsüchte, Streß und Erlösung

Zur Todessehnsucht kann man über die vielen Sehnsüchte kommen, die jeder Mensch in sich hat. Wendet man sich nämlich mit der Sehnsucht nach angenehmen und beglückenden Zuständen nur nach außen, kommt man ins Leiden. Das kann bis hin zur Verzweiflung und Hoffnungslosigkeit führen.

Man sollte die Sehnsucht selbst und die sich aus dem unbewußten Umgang mit ihr ergebenden Probleme als Möglichkeit nehmen, nach innen zu gehen. Dort findet man das, wonach man sich sehnt. Meistens muß man sich dabei überhaupt nicht anstrengen und auch nicht »alles richtig machen«, damit sich Sehnsucht erfüllt. Das schildere ich im folgenden für einige der großen Sehnsüchte.

Sehnsucht nach Beziehung, Liebe und Glück

Als Kind im Mutterleib hat man körperliche Bedürfnisse, die zum Überleben erfüllt werden müssen. Man braucht Wärme, Kraft und Nahrung von der Mutter. Gleichzeitig gibt es auch seelische Bedürfnisse, die man als Sehnsüchte bezeichnen kann. Das

Kind braucht Vertrauen, Hinwendung, Angenommensein und Liebe von der Mutter.

In vielen inneren Begleitungen erlebe ich mit, wie sich jemand daran erinnert, als Kind im Mutterleib oder in seinen ersten Lebensjahren wenig von der Mutter gespürt zu haben. Sie wirkte abwesend, geschäftig oder ablehnend. Das Kind glaubte, daß die Mutter sich von ihm zurückzog, es nicht mochte oder es nicht ertragen konnte. Die Sehnsucht nach Nähe, Vertrauen, Geborgenheit und Glück erfüllte sich nicht so, wie das Kind es sich wünschte.

Derartige Erfahrungen bleiben bei vielen Menschen tief haften. Sie gelten bei uns oft als Ursache dafür, daß jemand sein Leben lang Probleme mit Vertrauen, Nähe, Beziehung und Liebe hat. Selbst die meisten erwachsenen Menschen glauben immer noch, daß die Mutter eine persönliche Abneigung gegen sie hatte und vielleicht bis heute hat.

Dadurch werden die Erinnerungen an die Mutter oft ganz einseitig. Man vergißt alle die angenehmen, ruhigen und liebevollen Augenblicke, die es im Leben mit ihr auch gegeben hat, und beschränkt sich auf die schwierigen Momente. Das macht es fast unmöglich, die Vergangenheit mit der Mutter zu klären. Denn sie hat ganz andere Erinnerungen an sich und das Kind und weiß oft gar nicht, was das heute erwachsene Kind eigentlich von ihr möchte.

Lernt man sich selbst in inneren Erfahrungen ein bißchen besser kennen, wird einem bewußt, daß die Mutter ihre eigenen Probleme gehabt hat. Sie hatte zu manchen ihrer Gefühle und inneren Vorgänge wenig Beziehung und wenig Vertrauen: zum Beispiel zu Trauer, Hilflosigkeit, Schuldgefühlen, Angst, Wut aber auch zu Überanstrengung, Schwäche, Zartheit und Verletzlichkeit. Daher hat sie sich unbewußt und zwanghaft vor ihnen geschützt.

Wurde die Mutter von ihrem kleinen Kind zum Beispiel in Trauer oder Zartheit oder Wut berührt, mußte sie sich sofort nach innen verschließen, um dort die Berührung ihrer eigenen Gefühle zu vermeiden. Dabei wirkte sie auch nach außen kühl, abweisend und vielleicht sogar aggressiv.

Das kleine Kind spürte dieses Verhalten und bezog es auf sich selbst. Es kam nie auf die Idee, daß die Mutter so wenig Kontakt nach innen hat und so viele Gefühle nicht kennt, sie nicht mag und sich vor ihnen schützt. Daß ein großer Erwachsener, der alles kann, was das Kind noch lernen will und muß, so viele Probleme mit sich hat, war dem Kind völlig unbegreifbar.

Die meisten können das selbst als Erwachsene immer noch nicht erkennen, weil sie unbewußt mit ihren eigenen Gefühlen umgehen. Sie kennen ihre »negativen« Gefühle nicht, mögen sie nicht und schützen sich meistens ganz zwanghaft vor ihnen.

Darin sind sie der Mutter, an der sie gelitten haben, ganz ähnlich. Aber genau das wollten sie ihr Leben lang nicht sein. So kämpfen sie unbewußt auch noch gegen vieles in sich, was sie an ihre Mutter erinnert.

Ein derartig unbewußter Mensch erlebt oft, daß sich Abwehr, Ablehnung, Lieblosigkeit und Mangel an Vertrauen und Geborgenheit durch sein ganzes Leben ziehen. Er kommt immer wieder zu Menschen oder in Situationen, bei denen er sich nicht so angenommen fühlt, wie er es sich wünscht. Und fast immer glaubt er, daß die anderen ihn nicht mögen und schuld sind an seinen vielen Schwierigkeiten.

Wer so leidet, kann sich wohl kaum vorstellen, daß diese unangenehmen Vorgänge Rufe der eigenen Gefühle sind, zu denen er wenig Kontakt und fast kein Vertrauen hat. Sich ihnen zuzuwenden und offener mit ihnen zu leben führt keineswegs zur Katastrophe, wie man meistens glaubt. Der Ruf der unangenehmen Gefühle ist eine Verheißung, sich selbst besser kennenzulernen und Vertrauen zu sich zu gewinnen.

Der unbewußte Mensch weiß das jedoch nicht und verstrickt sich immer mehr in seine heftige Abwehr nach innen, die viele seiner Energien blockiert und sein Leben zunehmend unangenehmer und schwieriger macht. Da er glaubt, daß die anderen die Ursache für sein Leiden sind, bemüht er sich, entweder eine bessere Beziehung zu ihnen zu bekommen oder die anderen so zu verändern, daß er nicht mehr an ihnen leidet.

Einige Menschen versuchen, sich bis zur Selbstaufgabe anzupassen, und verachten sich gleichzeitig dafür. Andere ziehen sich enttäuscht und wütend zurück und brechen Beziehungen ab. Der Wunsch nach angenehmen Beziehungen erfüllt sich nicht. Das Leiden wird noch größer, Hilflosigkeit und Resignation kommen hinzu.

Die Sehnsucht nach Beziehung und Liebe wird jedoch nicht weniger. Man sehnt sich gleichzeitig immer mehr nach Ruhe, Leichtigkeit und Zufriedenheit und bemüht sich, sie zu erreichen. Da das offensichtlich nicht gelingt, kann und will man nicht mehr. Man will die Mühsal des irdischen Lebens hinter sich lassen. Man spürt die Sehnsucht zu sterben und hat gleichzeitig Angst und Schuldgefühle.

Das Leiden an solchen unerträglichen Zuständen führt oft dazu, daß man Hilfe sucht. Man geht in eine Therapie, in der man sich näher kommen kann. Manche lassen sich Medikamente verschreiben, um ruhiger zu werden und nicht mehr so viel von dem Elend zu spüren. Merkt man dabei, daß sich das Unangenehme in einem selbst abspielt, gewinnt man die Möglichkeit, anders mit sich und anderen umzugehen.

In einem solchen Zustand kommen Menschen auch zu mir. Ich ermutige sie, alles Innere als Eigenes wahrzunehmen und es im Laufe der Zeit kennenzulernen. Am Anfang fällt es oft schwer, sich all dem »Negativen« und Unangenehmen in sich selbst zuzuwenden. Denn man hat ja fast sein ganzes Leben lang versucht, es nicht als zu einem gehörig zu empfinden, sondern es zu überwinden und zu beseitigen.

Daher entsteht die Angst, daß man die Kontrolle verlieren könnte, wenn man sich vor dem Unangenehmen und Bedrohlichen nicht mehr schützt. Man fürchtet, in den vielen Problemen unterzugehen.

Ich würde natürlich niemanden ermutigen, sich nach innen zu wenden, wenn es dabei ernste Schwierigkeiten geben könnte. Daß man sich – besonders bei den ersten Erfahrungen – nicht besonders wohlfühlt, sollte man nicht ausschließen. Man begegnet ja unter anderem dem eigenen Unvertrauten und Bedrohlichen. Aber genau dabei erfüllt sich die Sehnsucht nach Beziehung.

Die vorher betrachteten Schwierigkeiten mit der Mutter können einen dann sofort zu den eigenen inneren Themen führen wie Unbewußtheit, Mangel an Vertrauen, Schutz, aber auch Nähe, Liebe und Geborgenheit und natürlich Mütterlichkeit. Denn in inneren Erfahrungen bleibt man nie nur auf der unangenehmen Seite.

Erinnert man sich an die schwierigen Erfahrungen mit der Mutter, erfährt man, daß man mit sich selbst bisher auch wenig mütterlich umgegangen ist. Man hat viele unangenehme Gefühle und Zustände gar nicht bemerkt, sie zurückgewiesen, sie vielleicht sogar mit Gewalt bekämpft. Man hat nie gespürt, daß es die »eigenen ungeliebten Kinder« sind, die man jetzt zum ersten Mal im Leben anspricht, die man etwas mehr zuläßt oder denen man sich sogar ganz öffnet. Das sind berührende und beglückende Augenblicke.

Man kann mit Erstaunen erleben, daß sich die Trauer, der man sich zuwendet, herzlich freut. Und man spürt mehr Selbstvertrauen, wenn man die Angst als etwas Eigenes kennenlernt.

Dabei gibt es von innen keine Vorwürfe wegen des bisherigen unbewußten und lieblosen Umgangs mit sich selbst. Fragt man zum Beispiel sein Herz oder seine innere Mutter, bekommt man eine eindeutig liebevolle Antwort. Man weiß danach, daß man auf der Erde lebt, um hier wertvolle Erfahrungen zu machen. Und man spürt oder hört von innen, daß dazu auch die unangenehmen Dinge des Lebens gehören. Selbst ein geschädigter Körper macht einem keine Vorwürfe.

Die Sehnsucht nach Beziehung erfüllt sich, wenn man weiß, daß man zu allem Eigenen in Beziehung kommen und mit allem vertrauter leben kann. Und die Sehnsucht nach Liebe erfüllt sich, wenn man erfährt, daß man von innen bedingungslos so geliebt wird, wie man ist. Auch mit allen seinen Problemen.

Damit entfaltet sich die Liebe zu sich selbst und auch zu den anderen, die man als Wesen auf ihrem Weg mehr akzeptieren kann. Und die Sehnsucht nach Glück wird befriedigt, wenn man das alles erlebt und mit sich und seinem Leben auf der Erde zufriedener und glücklicher sein kann.

Sehnsucht nach Selbstvertrauen und Selbstbewußtsein

Minderwertigkeitsgefühle machen einem deutlich, daß man sich nicht als »vollwertig« empfindet. Es fehlt einem einiges, was man gern haben möchte, wie zum Beispiel Kraft, Macht, Vertrauen und Selbstbewußtsein. Und manches von dem, was man spürt, scheint dem Selbstvertrauen entgegenzustehen, wie zum Beispiel Schwäche, Angst, Versagen und Hilflosigkeit.

So bemühen sich die meisten Menschen um die »positive« Seite und vermeiden die »negative«. Man ist möglichst leistungsfähig, erfolgreich, gewinnt Ansehen, wird reich und bekannt. Man vermeidet Unsicherheit, Versagen und Schwäche. Man steht »über den Dingen« und wird von Angst oder Trauer nicht mehr berührt.

Dafür versieht man sich mit äußeren Dingen, die Selbstbewußtsein ausdrücken: eine gute Position, einflußreiche Freunde, eine zum eigenen Status passende Frau. Man zeigt, daß man es zu etwas gebracht hat durch seine Wohnadresse, seinen Sportclub, sein Auto und seine Bekleidung.

Alles das erfordert einen hohen persönlichen Einsatz und – bei den meisten – dauerhafte Anstrengungen, um dabeizusein und dabeizubleiben. Man muß kraftvoll und optimistisch wirken, auch wenn es einem einmal nicht so gut geht. Man muß im Beruf und in den Beziehungen alles unter Kontrolle halten, damit man nicht ins Chaos abrutscht. Man muß sich immer wieder um wichtige Menschen bemühen, auch wenn sie manchmal langweilig oder nervig sind. Und wenn das Herz mal nicht mehr will, muß man einen guten Arzt haben.

Aus meinen Erfahrungen mit solchen Menschen weiß ich, daß sich manche sehr überanstrengt und ausgelaugt fühlen, obwohl sie sich alles Angenehme leisten können, das die meisten Menschen sich wünschen. Sie stehen unter großem Druck, den vielen Erwartungen zu entsprechen. Sie dürfen sich keine Schwäche leisten. Sie bewegen sich in einer Öffentlichkeit, die nur darauf wartet, daß sie Fehler machen oder versagen.

So leben sie im Streß und sehnen sich nach Ruhe, nach einem ganz einfachen Leben und nach mehr Zufriedenheit. Aber sie können nicht einfach aufhören, weil sie so viele Verpflichtungen anderen gegenüber haben. Der »Leidensdruck« wird größer, sie finden jedoch in ihren Kreisen niemanden, dem sie sich anvertrauen könnten oder wollten. Schwierigkeiten in der Familie, Herzprobleme und andere körperliche oder seelische Krankheiten sind bedrohliche Anzeichen. Und manchmal spüren sie große Sehnsucht, so nicht mehr leben zu müssen. Die verdrängen sie sofort, weil sonst alles, was sie geschaffen haben, verloren wäre.

Auch viele Menschen, die nicht in hohen Positionen arbeiten und nicht so bedeutsam sind, gehen ähnlich mit sich um. Sie haben das Ideal, immer vernünftig und leistungsfähig zu sein und wenig Gefühle und keine Schwächen zu zeigen. Dazu gehören die äußeren Dinge, die von Dynamik und Erfolg künden. So stellt sich ein »selbstbewußter« Mensch dar.

Ich nehme die Begriffe »Selbstvertrauen« und »Selbstbewußtsein« jedoch ganz wörtlich: Es geht um »Sich-selbst-vertrauen-Können« und »Sich-seiner-selbst-bewußt-Sein«.

Die faszinierende Reise zu sich selbst beginnt, wenn man dort anfängt, wo man – in sich selbst – ist. Das kann der Streß sein, den man gerade spürt. Es können aber auch Minderwertigkeitsgefühle sein, die man empfindet und nicht mag. Oder es ist die Sehnsucht nach Ruhe und Weite, die einen berührt.

Man kann wahrnehmen, was da ist oder woran man denkt. Man kann es ansprechen, also zum Beispiel sagen: »Streß, ich spüre dich.« Dabei kann man sich bewußt werden, wie man sich fühlt, wenn man so Kontakt nach innen aufnimmt. Vielleicht wird man traurig oder spürt Unbehagen. Das gehört dann auch dazu. Man kann sagen: »Trauer, ich spüre dich auch und lasse dich ein bißchen mehr zu.« So gewinnt man Selbst-Bewußtsein. Sagt man dann noch zum Beispiel: «Minderwertigkeitsgefühl, ich weiß, daß du auch zu mir gehörst«, gewinnt man Selbst-Vertrauen. So einfach ist das.

Nach einigen solcher inneren Erfahrungen weiß man, daß die angesprochenen unangenehmen Gefühle keineswegs übermächtig werden. Es wird ein bißchen stiller, und man ist erleichtert: Man hat einen oder zwei Feinde weniger in sich, die man fürchten und abwehren muß.

Alles, was bei uns mit Selbstbewußtsein und Selbstvertrauen verbunden ist, kann man auch als innere Vorgänge wiederfinden. Zum Beispiel gewinnt man innen und außen mehr Leistungsfähigkeit, wenn man mehr Vertrauen zu sich gewinnt. Die kann man auch verwenden, um Geld zu verdienen und sich das irdische Leben leichter zu machen.

Im eigenen Inneren gibt es Reichtum, Autorität und die Gewißheit, daß man richtig ist und von innen geachtet und geliebt wird. Man kann in inneren Beziehungen so zufrieden und selbstbewußt werden, daß man draußen nicht jedem durch bestimmte Verhaltensweisen oder Güter zeigen muß, wie man eingeschätzt werden möchte. Was andere von einem denken, ist nicht mehr so wichtig, wenn man ahnt oder weiß, wer man selbst ist.

Das hindert einen keineswegs, außen etwas zu tun und zu erreichen. Es ist befriedigend, seine Fähigkeiten zu nutzen. Aber man muß seine aktiven Kräfte nicht immer wieder unbewußt mißbrauchen, um Schwäche, Unfähigkeit, Versagen oder Nichtsmehr-tun-Können unter Kontrolle zu bringen. Die kennt man dann nämlich auch als eigene innere Vorgänge und kann selbstbewußter mit ihnen leben.

Sehnsucht nach Freiheit, Leichtigkeit und Weite

Im irdischen Leben stößt man überall auf Grenzen und auf Einengungen, die man nicht vermeiden oder beseitigen kann. Man ist Bürger eines Staates, muß sich mit seinem Wohnsitz anmelden, muß an einem Ort bleiben, um dort sein Geld zu verdienen, muß Steuern bezahlen, muß die Gesetze beachten, darf fremde Grundstücke nicht betreten und darf in der Öffentlichkeit oft auch nicht einfach das tun, was man gerade möchte.

Das irdische Leben bürdet einem zudem etliche Lasten und Verpflichtungen auf: Jeden Tag neu muß man sich um seinen

Körper kümmern, ihn ernähren, behausen, bekleiden und pflegen. Dazu braucht man viel Geld, das man sich täglich erarbeiten muß. Meistens reicht es sowieso nicht aus für alle Bedürfnisse. Man muß sich um andere Menschen kümmern, besonders wenn es ihnen nicht gutgeht. Man trägt Verantwortung in der Beziehung zum Partner, in der Arbeit und beim Autofahren. Und da sind die Erwartungen, die andere an einen haben. Man fühlt sich unter Druck gesetzt und eingeengt.

Das alles kann als schwer und unerträglich empfunden werden. Vor allem, wenn man merkt, daß man die Begrenzungen und Verpflichtungen und das viele Unangenehme, das damit verbunden ist, auch mit großer Anstrengung nicht einfach überwinden kann.

Viele spüren dann eine tiefe Sehnsucht, aus dieser allgegenwärtigen Ordnung, Enge und Schwere auszubrechen, um mehr Freiheit und Weite zu spüren. Manche reisen in andere Länder, tun ungewöhnliche Dinge, suchen den Kitzel des Neuen und Aufregenden in gefährlichen Sportarten oder Hobbys. Manche genießen die Freiheit im starken, schnellen Auto. Oder man geht in die Kneipe und ins Kino, um ein paar Stunden lang das Unangenehme zu vergessen. Einige Menschen wandern sogar nach Australien aus, weil dort alles viel offener und unbürokratischer sein soll.

Merkt man jedoch, daß trotz aller solcher Versuche die Grenzen und die Schwere des Lebens nicht verschwinden, entstehen Enttäuschung, Frust und zuletzt Hoffnungslosigkeit. Man kann nichts ändern. Man sehnt sich zwar nach mehr Weite und Leichtigkeit, verzweifelt jedoch am Leben, weil man glaubt, sie unter diesen Umständen nicht finden zu können.

Es gibt sicher etliche Menschen, die mit den selbstverständlichen Einschränkungen und Belastungen des Lebens ganz gut umgehen können und nicht übermäßig daran leiden. Ich sehe jedoch überall auch die Symptome der großen Sehnsüchte und der tiefen Enttäuschungen über das Leben, das man hier führen »muß«. Leider kommt kaum jemand auf die Idee, daß er die ganze Zeit »bei sich selbst« ist und eigene innere Vorgänge und Zustände erlebt. Die äußeren Umstände sind offensichtlich vorhanden. Wie der einzelne jedoch auf sie reagiert, ist etwas ganz Persönliches. Der eine findet in den üblichen Begrenzungen angenehme Sicherheit, der andere unangenehme, vielleicht unerträgliche Enge. Das kann sogar im selben Menschen stattfinden: Manchmal braucht er die äußeren Strukturen, und manchmal rebelliert er gegen sie. Es gibt demnach keine für alle Menschen und alle Situationen gleichartige Reaktion auf äußere Umstände.

Damit bieten sich viele Möglichkeiten an, bewußte Erfahrungen mit sich selbst zu machen, um sich in seinen eigenen Reaktionen und Verhaltensweisen besser kennenzulernen. Erst das gibt einem die Gelegenheit, nicht immer wieder auf dieselbe – oft zwanghafte – Weise mit den Dingen umgehen zu müssen, die man nicht ändern kann.

Ich empfehle also auch bei der Sehnsucht nach Weite, Freiheit und Leichtigkeit, sich zuerst dem zuzuwenden, was man gerade spürt. Man kann also sagen:»Weite, ich habe Sehnsucht nach dir.« Fühlt man sich jedoch sehr eingeengt und bedrückt, sollte man auch sagen:»Enge und Bedrückung, ich spüre euch.« Das fällt vielen Menschen sehr schwer. Sie glauben, daß die unangenehmen Zustände noch größer und schlimmer werden, wenn man sich nicht mehr gegen sie wehrt.

Die größte und unerträglichste Enge entsteht jedoch gerade dann in einem selbst, wenn man wenig Vertrauen zu sich hat. Dann begrenzt man sich und schränkt sich auf wenig ein. Denn vieles hält man für falsch oder negativ und wendet sich unbewußt dagegen, um es zu überwinden. Dabei spürt man (Energie-)Mangel, Enge und vielleicht sogar Bedrohung. Im Körper kann sich das durch Blockaden, Durchblutungsstörungen oder niedrigen Blutdruck äußern.

Man macht sich das Leben sehr schwer. Man kämpft nicht nur mit Anstrengung und Energieaufwand gegen die unangenehmen Dinge, um sie unter Kontrolle zu bringen. Man verliert auch noch die Energie der bekämpften und unterdrückten eigenen Zustände. Man kann sich eben nicht vorstellen, daß selbst Angst, Trauer und Wut Lebensenergien sind, die einem auch im Alltag dann zur Verfügung stehen, wenn man ihnen mehr vertrauen kann.

Ein unbewußter Mensch kommt aus diesem »Teufelskreis« von unangenehmen und bedrohlichen inneren Berührungen und der automatischen Abwehr nicht heraus. Das Leben kann außerordentlich eng, schwer und unerträglich werden. Dann kommen noch Depression und Todessehnsucht hinzu, gegen die man sich mit letzter Kraft auch noch zu schützen versucht. Für das Leben bleibt nicht mehr viel übrig. Man glaubt, erst wieder frei sein zu können, wenn man nicht mehr auf der Erde leben muß.

Es wird meistens sofort etwas erträglicher und undramatischer, wenn man beginnt, sich all diesen Vorgängen im eigenen Inneren zuzuwenden. Wird man sich seiner inneren Begrenzungen, seiner bisherigen unbewußten Abwehr, seiner eigenen Enge und seiner Schwere bewußt, schafft man sich einen größeren inneren Raum, in dem man sich – im Laufe der Zeit – mit mehr Vertrauen bewegen kann.

Beginnt man mit diesen inneren Vorgängen zu sprechen und bewußter mit ihnen zu leben, erfährt man ganz sicher, daß sie einen nicht schädigen oder lebensunfähig machen. Damit kann man einen großen Teil des bisherigen Schutzes nach innen aufgeben. Man muß ihn nicht – mit Anstrengung – überwinden, er wird einfach überflüssig.

Man spürt in diesem Prozeß, daß einen die (innere) Freiheit, Leichtigkeit und Weite berühren, nach denen man so viel Sehnsucht hatte. Dann werden auch Glück und Zufriedenheit deutlich, die man verloren glaubte. Das schafft viel Vertrauen nach innen und nach außen. Man muß Enge, Schwere und viele andere unangenehme Zustände nicht mehr wie (innere) Feinde behandeln.

Man lebt dann immer noch in dieser Welt mit ihren Grenzen und Verpflichtungen, man kann sich jedoch immer öfter innen freier, leichter und weiter empfinden. Damit stehen einem für das äußere Leben viel mehr Energien zur Verfügung.

Sehnsucht nach Frieden und Zufriedenheit

Ich höre öfter, daß jemand sich keine Nachrichtensendungen mehr ansieht und keine Zeitung mehr aufschlägt, weil vieles auf der Erde so unmenschlich und schrecklich ist. Manche bemühen sich, einzeln oder in Organisationen, etwas zu tun, um diese unerträglichen Zustände zu verändern. Leider erleben sie aber auch, daß es unangenehme Auseinandersetzungen mit Politikern oder sogar mit Gleichgesinnten gibt. Man kämpft dann nicht nur gegen Umweltzerstörungen, sondern auch immer wieder gegeneinander.

Im Zusammenleben mit Verwandten und Freunden finden viele auch nicht die ruhigen und angenehmen Beziehungen, die sie sich wünschen. Es gibt Auseinandersetzungen, Trennungen und Probleme, die man trotz aller Bemühungen nicht klären kann. Hinzu kommen die vielen alltäglichen Dinge, mit denen man sich nicht wohl fühlt.

So schwindet die Hoffnung auf Frieden und Zufriedenheit. Man fühlt sich öfter hilflos und frustriert. Manche Menschen bemühen sich dann noch mehr, die eigene Situation und die Verhältnisse in der Welt zu verbessern. Dabei kommen oft Gefühle von Machtlosigkeit und Verzweiflung auf. Meistens kämpft man immer hektischer, das Unerträgliche und Bedrohliche endlich doch noch unter Kontrolle zu bringen.

Gibt man verzweifelt und hoffnungslos auf, droht man in einer schweren Depression unterzugehen. Es ist nur noch eng und dunkel. Man hat fast nur noch Angst und fühlt sich völlig machtlos. Das Leben hat seinen Sinn verloren. Man will weg von dieser Erde und ihren unerträglichen Zuständen.

Ich erlebe häufiger mit, daß eine schwere, tödliche Krankheit diese tiefe Sehnsucht des Menschen nach Frieden und Freiheit ausdrückt. Denn auch solche existentiellen Probleme sind Rufe von innen. Selbst Verzweiflung, Machtlosigkeit, Hoffnungslosigkeit und Depression zerstören einen nicht, wenn man sich ihnen zuwendet und nicht mehr so unbewußt und gewalttätig versucht, sie zu bekämpfen, um sie zu überwinden.

Denn schreckliche Kriege finden nicht nur auf der Erde zwischen Menschen statt, sondern vor allem innerhalb des einzelnen, der sich wenig kennt und nur wenig Vertrauen zu sich hat. Wie viele Feinde hat ein solcher Mensch: Angst, Trauer, Hilflosigkeit, Depression, Wut, Haß, Verzweiflung, Schwäche, Leiden, Krankheit, Schmerz, Kälte, Gewalt und viele andere mehr! Meistens geht er gnadenlos mit ihnen um. Er bewertet sie automatisch als negativ oder falsch, wenn sie sich zeigen. Er benutzt seine Kontrolle, um sie in ihre Schranken zu weisen. Er unterdrückt, bekämpft und versucht abzutöten, was er nicht mag. Dabei werden Medikamente oder Drogen wie zum Beispiel Alkohol oder Nikotin als chemische Kampfstoffe verwendet, um Angst, Unruhe, Depression oder Schmerz zu erledigen.

Das sind jedoch nicht »böse« Menschen, die so mit sich umgehen, sondern gerade die sensiblen. Sie glauben ernsthaft, daß es Falsches, Schlechtes und Böses in ihnen gibt, das erst überwunden werden müsse, ehe man richtig, gut und zufrieden leben könne. Sie führen einen lebenslangen, verzweifelten und schmerzhaften Kampf, den sie nie gewinnen können.

Sie zeigen ihren wirklichen inneren Zustand, wenn sie zum Beispiel dazu aufrufen, das Dunkle zu überwinden, um zum Licht zu kommen. Oder wenn sie Haß, Neid und Gier verteufeln und zum Kampf gegen sie aufrufen.

Aber Vollkommenheit und Heil-Sein können – schon nach der schlichten Logik dieser Worte – nicht dadurch entstehen, daß man (wesentliche) Teile des Ganzen bekämpft oder vernichtet. Der Frieden, nach dem sich die Menschen sehnen, ist nicht der Frieden des Siegers, vor dem alle (inneren) Feinde in ihrem Blut liegen. Es ist der Frieden des Vertrauens zu allem, was zum eigenen Wesen gehört.

Weiß man das nicht, kommt man in sehr schwierige Zustände. Denn das, was man in sich bekämpft, sind eigene Lebensenergien, die man blockiert. Zusätzlich verbraucht der ewige innere Krieg sehr viele lebensnotwendige Energien. Man kommt in chronische Schwäche, Erschöpfung und Unzufriedenheit, die dann auch wieder mit Gewalt niedergemacht werden.

Am Ende ist von der Vitalität des Menschen nicht viel übrig geblieben. Man ist körperlich zerrüttet, spürt zunehmend Ängste und Depressionen, die man auch bekämpfen muß. Man sucht den Frieden und findet ihn nicht. Und man glaubt die ganze Zeit, daß andere Menschen und äußere Vorgänge schuld sind, daß es einem so schlecht geht. Also zum Beispiel die Gewalt, die überall auf der Erde wütet.

Symptome solcher Zerrüttungen findet man überall bei uns. Da sind so viele verkümmerte, kranke alte Menschen, daß man glaubt, diese Zustände seien ein normaler Ausdruck des Alters. Da gibt es die vielen »seelischen Krankheiten« wie zum Beispiel schwere Ängste und Depressionen. Da sind die (jüngeren) Menschen, die ihr Defizit an innerer Kraft durch äußere Power auszugleichen versuchen. Sie kaufen sich Kraft in Autos und Motorrädern und suchen den Kitzel der unterdrückten Gefühle in riskanten Betätigungen im Sport oder bei Hobbys. Sie setzen ihr Leben aufs Spiel, um wieder mehr von sich zu spüren.

Ein drastisches Symptom des inneren Krieges ist die äußere Gewalt, die zunehmend auch bei uns spürbar wird. Aggressive Umgangsformen und Verhaltensweisen werden geradezu gepflegt und gelten als ein Ausdruck von Selbstbewußtsein und Durchsetzungsvermögen.

Hinter äußeren Gewalttaten stehen fast immer starke innere Sehnsüchte der Beteiligten. Das zu erkennen hindert natürlich nicht, äußere Gewalt zu verbieten und unter Kontrolle zu bringen. Man kann eine friedlichere Welt jedoch nur dann schaffen, wenn jeder mehr Vertrauen zu sich hat und friedlicher mit seinem eigenen Inneren leben kann.

Alles führt nach innen. Dort gibt es die Sehnsüchte, und dort gibt es die beglückenden Zustände, nach denen man sich sehnt. Dort gibt es jedoch auch die unangenehmen, oft bedrohlichen Zustände. Man muß einfach manchmal den Mut aufbringen und innere Experimente mit sich machen, um nicht mehr glauben zu müssen, daß man Böses oder Feindliches in sich hat, das man beseitigen müßte. Wer es ausprobiert, erfährt mit Sicherheit, daß wirklich alles zu ihm gehört und daß er zu allem Vertrauen gewinnen kann. Der Frieden, nach dem die meisten Menschen sich sehnen, wird einem geschenkt, wenn man sich nach innen wendet und sich besser kennenlernt. Man macht dann Frieden mit sich selbst.

Der beginnt, wenn man zum Beispiel sagt:»Gewalt, ich merke, daß du ein Teil von mir bist«, oder:»Angst, ich denke an dich«, oder:»Unzufriedenheit, ich lasse dich jetzt zu.« Ich erlebe fast jeden Tag, daß jemand nach solchen Worten tief durchatmet und dann sagt:»Erleichterung, ich spüre dich und freue mich über dich«, und:»Freude, dich mag ich.«

Unsere vielen inneren Feinde warten nur darauf, endlich als eigene Teile wahrgenommen zu werden. Man muß sie keineswegs gleich alle lieben. Aber selbst, wenn man sagt:»Haß, ich finde dich unerträglich und schütze mich vor dir«, kommt man mit dieser Kraft in sich in Kontakt. Und der »böse« Haß freut sich.

Oft merken Menschen, die so zum ersten Mal mit sich umgehen, nicht sofort, daß sich gerade ihre große Sehnsucht erfüllt hat. Denn der Frieden kam dazu, ohne daß sie sich bewußt um ihn bemüht hätten. Wenn sie das spüren, sagen sie weich und berührt:»Frieden, ich spüre dich. Ich hatte kaum noch Hoffnung, dich zu erleben.«

Ratschläge für den großen Notfall

In einer akuten, sehr bedrohlichen Krise mit großer Panik
und übermächtigem Todeswunsch empfehle ich Ihnen,
sich einem Therapeuten anzuvertrauen oder
sich direkt ins Krankenhaus (in die Psychiatrie)
zu begeben oder bringen zu lassen.

Auch wenn Sie damit in eine unangenehme Behandlung
kommen, geben Sie sich unbedingt die Möglichkeit
weiterzuleben.

Jede Krise ist ein unüberhörbarer Ruf von innen.

Jede Krise ist eine große Chance, Vertrauen zu sich und
seinem Leben zu gewinnen.

Aber dafür müssen Sie weiterleben.

Tun Sie es für sich selbst.

Ratschläge für den noch erträglichen Notfall

Ist die Krise noch zu ertragen und der Todeswunsch
nicht allzu übermächtig,
empfehle ich,
sich dem innerlich zuzuwenden, was jetzt in Ihnen
deutlich ist.
Das sind am Anfang meistens
sehr unangenehme Gefühle und Zustände wie
Angst, Trauer, Hilflosigkeit und Verzweiflung, aber auch
Sehnsüchte nach Frieden, Leichtigkeit oder Weite.

Vertrauen Sie sich möglichst einem Therapeuten an.

Schritte auf dem Wege zu sich selbst

1. Bemühen Sie sich nicht, Ihren unangenehmen Zustand zu verändern.

Sie dürfen in der Krise traurig, hilflos und verzweifelt sein
und Angst haben.
Das ist ganz normal und sehr menschlich.
Niemand würde sich in Ihrer Situation anders fühlen.

2. Bemühen Sie sich auch nicht, ruhig werden zu müssen, um mit sich besser in Kontakt kommen zu können.

Spüren Sie Ihre Unruhe, Nervosität und Hektik.

3. Versuchen Sie laut oder leise anzusprechen, was sie spüren.

Sagen Sie zum Beispiel:
»Unruhe, ich spüre dich.«
Oder: »Unruhe, ich mag dich nicht.«
Oder: »Unruhe, ich kann dich nicht mehr ertragen.«
Oder: »Unruhe, ich weiß, daß du zu mir gehörst.«
Oder: »Unruhe, ich wehre mich nicht mehr gegen dich.
Mache mit mir, was du willst.«

So können Sie alle bedrohlichen Gefühle ansprechen,
aber auch die Sehnsüchte.

4. In diesen inneren Kontakten kann alles mögliche geschehen:

Die unangenehmen Zustände können noch deutlicher werden.
Versuchen Sie, sie auch dann weiter anzusprechen
und aufkommende Ängste oder Abwehr bewußt wahrzunehmen
und anzusprechen.
Aus sehr vielen Erfahrungen weiß ich,
daß es in uns keine Gefühle gibt, die uns zerstören wollen.
Sehr bedrohliche und übermächtige Gefühle entstehen vor allem
durch die bisher unbewußte Abwehr gegen sie.

Die unangenehmen Zustände können leichter und erträglicher
werden.
Bleiben Sie auch dann mit ihnen in Kontakt und sagen vielleicht:
»Unruhe, so kann ich dich schon ganz gut ertragen.«

Es können erfreuliche oder angenehme Zustände entstehen.
Manchmal kommen Ruhe, Leichtigkeit und Freude auf.
Dann können Sie sagen:
»Ruhe, ich freue mich über dich.«
»Freude, ich habe dich schon lange vermißt.«
»Leichtigkeit, ich mag dich.«

5. Wenn Sie sich so ein bißchen mehr spüren, können Sie sich ebenso Ihren Sehnsüchten direkt zuwenden.

Sie können sagen:
»Sehnsucht, ich vertraue mich dir jetzt an.
Bringe mich, wohin du mich bringen willst.«
Oder: »Frieden, ich habe große Sehnsucht nach dir.«

6. Der vorläufige Höhepunkt derartiger innerer Erfahrungen kann die Hinwendung zu dem (inneren) Tod sein,

nach dem Sie Sehnsucht haben oder hatten.
Dieser Tod ist etwas ganz Inneres und
wird Ihren Körper garantiert nicht schädigen.
Sie können sagen:
»Tod, ich habe große Sehnsucht nach dir.«
Oder: »Tod, hilf mir, dich besser kennenzulernen.«
Oder: »Tod, ich vertraue mich dir jetzt an. Mache mit mir,
was du willst.«
Und vielleicht: »Angst, komme mit in diese Erfahrung.«

7. Erwarten Sie nicht, daß es Ihnen durch die inneren Kontakte sofort besser gehen muß,
aber erwarten Sie auch nicht, daß die unangenehmen
Zustände größer und übermächtig werden müssen,
wenn Sie sich ihnen zuwenden.

Es kann alles mögliche geschehen.
Nach meinen Erfahrungen wird es meistens – besonders, wenn
man in einer tiefen Krise ist – erfreulich leichter.
Ich höre öfters, daß jemand mit Unruhe, Angst und
Todessehnsucht einfach einschläft und am nächsten Morgen
erquickt wieder aufwacht.
Das ist die Antwort von innen.

Bewußter mit unangenehmen Gefühlen und Zuständen leben

Im folgenden nenne ich (alphabetisch) eine ganze Reihe bei uns negativ bewerteter Gefühle und Eigenschaften. Zuerst schildere ich kurz den üblichen, unbewußten Umgang mit ihnen, der zu Streß und Leiden führen kann. Denn ich erlebe immer wieder mit, daß Menschen zunehmend auch an scheinbaren »Kleinigkeiten« leiden, die sie nicht mehr ertragen, aber auch nicht klären oder überwinden können. Die ewigen Bemühungen und Wiederholungen, der Überdruß und zuletzt die Hoffnungslosigkeit können bis zur Todessehnsucht gehen, wenn man Leichtigkeit, Ruhe und Freiheit verloren glaubt.

Danach zeige ich in wenigen Sätzen, wie man die unangenehmen Gefühle und Eigenschaften als etwas Eigenes finden und kennenlernen kann. Oft kommt man dabei ohne Anstrengung zu den angenehmen Eigenschaften, nach denen man sich eigentlich sehnt.

Abhängigkeit   Ersehnt: ***Freiheit, Unabhängigkeit***

● *Unbewußtes Verhalten:* Wird sich jemand seiner Abhängigkeit von Menschen oder äußeren Umständen bewußt, bemüht er sich meistens, gegen diese Abhängigkeit zu kämpfen, um sie zu überwinden. Merkt er jedoch, daß seine Unabhängigkeit nicht so wächst, wie er es erwartet, verstärkt er seine Abwehr. Da er sich dabei zunehmend mit den Menschen und äußeren Umständen beschäftigt, wird er noch abhängiger von ihren Eigenschaften und Verhaltensweisen. Zudem macht er sich auch noch abhängig vom Erfolg seiner Abwehr.
● *Innere Erfahrungen:* Wird man sich seiner Abhängigkeit bewußt, kann man sich ihr zuwenden und zum Beispiel sagen: »Abhängigkeit, ich mag dich nicht, aber du gehörst wohl zu mir.« Vielleicht empfindet

man dann Angst, daß die Abhängigkeit jetzt übermächtig und endgültig werden könnte, wenn man sie nicht mehr unter Kontrolle hält. Dabei kann man erfahren, wie unbewußt man bisher mit vielem in sich gelebt hat. Oft hat man gar nicht gemerkt, daß man in seinen Reaktionen und Gefühlen ganz »bei sich« ist. Dann glaubt man, daß die Ursachen außerhalb von einem liegen. Fühlt man sich bei jemandem geborgen, muß man ihm immer wieder nahe sein, damit es einem gutgeht. Wird man von jemandem lieblos behandelt, muß man ihn zu ändern versuchen, damit man nicht mehr leidet.

In inneren Erfahrungen kann man sich der Geborgenheit oder dem Leiden zuwenden und erleben, daß sie in einem selbst sind. Der andere Mensch hat etwas in einem ausgelöst, er ist jedoch nicht die Ursache für die eigenen Gefühle. Danach kann man vertrauter und freier mit sich selbst leben. Man wird unabhängiger von anderen Menschen und äußeren Umständen.

*

Ablehnung   Ersehnt: *Zuwendung*

● *Unbewußtes Verhalten:* Fühlt man sich von jemandem abgelehnt, bemüht man sich meistens um Zuwendung. Gelingt das jedoch nicht, spürt man Enttäuschung, Wut, Hilflosigkeit und manchmal Resignation. Man sieht im Verhalten des anderen die Ursache für die unangenehmen Gefühle. Man bemüht sich noch mehr um ihn, oder man wendet sich aggressiv gegen ihn, um nicht mehr an ihm zu leiden.

● *Innere Erfahrungen:* Denkt man an eine derartige schwierige Beziehung, spürt man eine ganze Menge unangenehmer Gefühle. Man kann sich dann zum Beispiel seiner Enttäuschung zuwenden und sich bewußt werden, daß sie in einem selbst ist. Man kann sagen: »Enttäuschung, ich spüre dich.« Dabei merkt man, daß man sie noch nie so wahrgenommen und mit ihr gesprochen hat. Man hat sie eigentlich immer nur unterdrückt. Kommen dann Trauer und Hilflosigkeit dazu, erfährt man seine eigene Ablehnung noch intensiver. Sagt man: »Ablehnung, du bist ja ziemlich groß«, öffnet man sich einen Weg nach innen zu all den bisher abgewiesenen oder gar bekämpften eigenen Gefühlen und inneren Zuständen. Man geht offener mit sich selbst um und erlebt, daß man von innen nicht abgelehnt wird. Dort kann man die Liebe finden, nach der man Sehnsucht hat.

123

Alter Ersehnt: *Jugend, Lebendigkeit*

● *Unbewußtes Verhalten:* In unserer Gesellschaft schätzen wir Dynamik, Beweglichkeit und Lebendigkeit und versuchen Schwäche, Unfähigkeit und Unbeweglichkeit zu vermeiden. Die meisten Menschen bei uns glauben, daß man im Alter schwach, starr und hinfällig werden muß. Daher wendet man sich gegen das unausweichliche Älterwerden, indem man seinen Körper durch Anstrengungen, Kosmetik oder gar chirurgische Eingriffe jugendlich zu erhalten versucht. Da das nicht so gelingt, wie man es möchte, kommen unangenehme Gefühle auf, die man ebenfalls unter Kontrolle zu bringen versucht.

● *Innere Erfahrungen:* Man kann sich mit dem Alter innerlich vertrauter machen, ganz unabhängig davon, wie alt man ist. Man kann zum Beispiel sagen:»Alter, ich habe Angst vor dir.« Damit begegnet man seiner Angst, die man auch ansprechen kann. Vielleicht wird einem dann bewußt, daß man sich bisher immer nur gegen sie gewendet und sie zu unterdrücken versucht hat. So kommt man zu seinem Mangel an Vertrauen und zu seiner Abwehr. Dabei können Trauer, Hilflosigkeit und einige andere unangenehme Gefühle deutlich werden. Bei jedem merkt man, daß man es nicht wirklich kennt und bisher nicht mochte. Man hat wesentliche Teile seiner Lebendigkeit unter Kontrolle zu halten versucht. Das kann man bis in den physischen Körper spüren, der es einem durch Blockaden, Spannungen, Energiemangel und Durchblutungsstörungen deutlich macht.

Sowie man beginnt, bewußter und offener mit seinen Gefühlen und inneren Zuständen zu leben, gewinnt man auf allen Ebenen an Lebendigkeit. Das drückt sich dann auch im Körper aus durch Kraft, Beweglichkeit und Fließen, was bis ins Alter weitgehend erhalten bleiben kann. Mit mehr Vertrauen zum Alter gewinnt man seine Vorzüge: Gelassenheit, Erfahrung, Vertrauen und Weisheit.

*

Angst Ersehnt: *Vertrauen*

● *Unbewußtes Verhalten:* Die Angst soll ja eine unserer großen Feinde sein. Sie gibt es – mehr oder weniger ausgeprägt – in jedem Menschen. Trotzdem glauben viele, daß die Angst nicht zu ihnen gehört und daß sie überwunden werden müsse und könne, damit man angstfrei wird. So wird die Angst bekämpft, unterdrückt oder durch zwanghafte Verhaltensweisen – zum Beispiel durch ständige Aktivität – nicht mehr gespürt. Dabei können viele weitere unangenehme Zustände und Gefühle deutlich werden, die man dann auch wieder unter Kontrolle bringen muß, wie Streß, Hilflosigkeit, Verzweiflung, Hoffnungslosigkeit und zuletzt Todessehnsucht, wenn man merkt, daß alles nichts fruchtet und die Angst immer übermächtiger wird.

● *Innere Erfahrungen:* Für mich ist die Angst ein deutlicher Ruf von innen. Meistens hat man Angst vor etwas eigenem Inneren, auch wenn es äußere Anlässe für die Angst gibt. Wendet man sich einer Angst zu und spricht ein paar Worte mit ihr, kann sie zu einem großen Helfer auf dem Wege ins eigene Innere werden. Mit ihr zusammen findet man das, zu dem man bisher wenig oder gar kein Vertrauen hatte. Das können unangenehme Körperzustände, unvertraute Gefühle, bedrohliche Gedanken oder unerträgliche innere Bilder sein.

Nimmt man damit Kontakt auf, erlebt man, daß man nicht zerstört oder lebensunfähig wird, sondern es ertragen kann. Die Angst bringt einen auch zu angenehmen oder beglückenden inneren Zuständen, zu denen man wenig Vertrauen hat, obwohl man sich nach ihnen sehnt, wie zum Beispiel zur Ruhe oder Leichtigkeit. Jede innere Erfahrung mit der Angst und mit dem, wohin sie einen gebracht hat, vertieft das Vertrauen zu sich selbst.

*

Anstrengung   Ersehnt: *Gelassenheit*

● *Unbewußtes Verhalten:* Fast alle Menschen leben mit Anstrengungen. Man muß sich – durch Arbeit und Einkommen – seinen Lebensunterhalt verdienen. Man muß sich bemühen, das ganze Leben und seine Beziehungen zu bewältigen und im Griff zu haben. Schon als Kind mußte man den Anforderungen der Eltern und der Schule gerecht werden. In den privaten Beziehungen und im Beruf gibt es viele Erwartungen, die man erfüllen muß. Und man muß seinem Leben einen Sinn geben.

So empfinden sich viele Menschen im Dauerstreß und sehnen sich nach Muße, Ruhe, Gelassenheit und Freiheit. Man ist betroffen, wenn man merkt, daß man auch in der Freizeit und im Urlaub im Streß lebt. Man glaubt, sich noch mehr anstrengen zu müssen, um alles aus dem Weg zu räumen, was einen hindert, Ruhe zu finden.

● *Innere Erfahrungen:* Das geschilderte Leiden kann einen dazu bringen, sich in inneren Erfahrungen der Anstrengung direkt zuzuwenden und vielleicht zu sagen: »Anstrengung, ich kann dich kaum noch ertragen. Aber ich merke, daß du im Moment zu mir gehörst.« Dann wird man meistens ganz traurig und hilflos, was man auch nicht ertragen kann und sofort zu unterdrücken versucht. So wird einem bewußt, daß man sich bisher ständig innerlich vor den vielen unangenehmen Gefühlen zu schützen versucht hat mit der Erwartung, sie eines Tages zu überwinden, um dann besser und zufriedener leben zu können.

Dieser Kreislauf von Bewertungen, Ablehnungen und Anstrengungen bricht in sich zusammen, wenn man den Mut hat, sich den eigenen inneren Vorgängen zuzuwenden. Spricht man seine Trauer und seine Hilflosigkeit zum erstenmal in seinem Leben an, kommen Erleichterung und Ruhe auf. Die Gelassenheit, die im Laufe derartiger Erfahrungen entsteht, ist die Freiheit, sich mehr so lassen zu können, wie man ist. In Freude und Trauer oder in Angst und Vertrauen.

*

Bedrohung   Ersehnt: *Schutz, Vertrauen*

● *Unbewußtes Verhalten:* In der äußeren Welt gibt es viele Bedrohungen, die uns schaden oder gar töten können, wenn man sich nicht vor ihnen schützt: Gewalt von Menschen oder Tieren, Krankheiten und Unfälle. Man muß einzeln oder kollektiv versuchen, derartige Bedrohungen so klein wie möglich zu halten oder ganz zu verhindern.

In Gedanken, inneren Bildern, Träumen und Phantasien gibt es auch immer bedrohliche Eindrücke. Man träumt zum Beispiel. an einem dunklen, tiefen Abgrund zu stehen. Man rettet sich dann ins Wachbewußtsein, um nicht abzustürzen und vernichtet zu werden. Denn bei uns glaubt man, daß man sich innen genauso vor einer Gefahr schützen müßte wie in der äußeren Welt.

● *Innere Erfahrungen:* Im eigenen Inneren kann man direkt erleben, daß man sich jeder Bedrohung öffnen und ausliefern kann. ohne verrückt oder zerstört zu werden. Man kann in den dunklen (inneren) Abgrund stürzen, man kann ins (innere) Feuer fallen oder sich von einer (inneren) Bestie zerreißen lassen. Danach ist man ruhiger und hat Vertrauen gewonnen zu den inneren Energien, die sich in solchen Bildern ausdrücken.

Die ständige Anstrengung, sich immer wieder vor sich selbst fürchten und schützen zu müssen, löst sich im Laufe der Erfahrungen auf. Man lebt mit weniger Schutz nach innen und mit mehr Selbstvertrauen.

*

126

Blockaden   Ersehnt: *Fließen*

● *Unbewußtes Verhalten:* Die meisten Menschen spüren Blockaden vor allem im Körper. Da gibt es Spannungen, Verfestigungen, Starrheiten, Verstopfungen, Durchblutungsstörungen und viele andere Symptome, an denen man leidet. Man bemüht sich, sie zu beseitigen oder zu überwinden. Man läßt sich behandeln oder nimmt Medikamente. So kämpfen bei uns zum Beispiel Millionen von Menschen mit Abführmitteln gegen Verstopfung und werden im Laufe der Zeit von Medikamenten abhängig. Der Darm hat seine natürlichen Fähigkeiten verloren. Ein solches Leiden löst natürlich eine Menge unangenehmer Gefühle aus wie Angst, Trauer, Hilflosigkeit und Hoffnungslosigkeit, die man nicht mag. Man versucht, sie zu unterdrücken und – vielleicht auch durch Medikamente – unter Kontrolle zu bringen.

● *Innere Erfahrungen:* In diesem Beispiel wird deutlich, daß körperliche Zustände direkt zu Gefühlen führen. Das Leiden entsteht, wenn man mit den Symptomen des Körpers und mit den Gefühlen so unbewußt umgeht, wie es bei uns üblich ist.

Vieles kann sich verändern, wenn man merkt, daß alles zu einem gehört. Man kann sich dem Darm zuwenden und kann mit ihm und seiner Verstopfung sprechen. Beide hat man bisher als eklig und unangenehm empfunden und wollte nichts mit ihnen zu tun haben. Genauso hat man sich seiner Angst, Trauer und Hilflosigkeit verschlossen. Jetzt könnte man dem Ekel, der Angst, der Trauer, der Hilflosigkeit und der Abwehr sagen:»Ihr gehört alle zu mir, auch wenn ich euch nur schwer ertragen kann.«

Der Darm ist außerordentlich sensibel und reagiert ungewöhnlich schnell und stark auf innere Blockaden wie auch auf Öffnungen. Bei inneren Erfahrungen beginnt er oft zu rumoren und zeigt, daß man innerlich losläßt. Das empfinden viele jedoch auch unangenehm und störend.

Spricht man seine bisher abgelehnten Zustände und Gefühle an, kann man plötzlich wieder durchatmen. Blockaden im Körper können sich lösen. Man hat sie jedoch nicht überwunden oder erledigt. Man erlebt vielmehr, wie es ist, wenn man beginnt, bewußter und ein bißchen offener mit sich selbst zu leben. Durch Erfahrungen mit Blockaden aller Art findet man Zugang zu seinem Fließen und seiner Lebendigkeit.

*

127

Chaos   Ersehnt: *Ordnung, Kontrolle*

● *Unbewußtes Verhalten:* Vielen Menschen ist das Chaos ein Greuel.
Als Kind, in der Schule, im Unternehmen und im Haushalt muß man
Ordnung lernen und halten, damit man nicht im Chaos untergeht.
»Chaoten« werden bei uns weitgehend abgelehnt und gefürchtet, da es
ihr erklärtes Ziel ist, die herrschende Ordnung zu beseitigen.
Ich kenne ziemlich viele Menschen, die an ihrem Chaos leiden. Sie
bemühen sich nach Kräften, ordentlicher zu werden, Beziehungen zu
klären, aufzuräumen und alte Sachen wegzuwerfen. Manchmal gelingt
es überhaupt nicht, manchmal nur zeitweise. Sie werfen sich vor zu versagen, und sie fühlen sich hilflos, unzufrieden und gestreßt.

● *Innere Erfahrungen:* Probleme mit Unordnung oder Chaos in Beziehungen oder in der äußeren Umgebung führen meistens zu vielen unangenehmen Gefühlen wie Angst, Hilflosigkeit, Abwehr, Unzufriedenheit
und Enttäuschung. Die kennen und mögen die meisten Menschen überhaupt nicht. Sie wenden viel Energie auf, um diese Gefühle unter Kontrolle zu halten. Man fürchtet nämlich, von ihnen überflutet und überwältigt zu werden, wenn man sie frei fließen läßt. Man soll dann in ein
unkontrollierbares Chaos schrecklicher Gefühle geraten.
Ich kann sehr empfehlen, das eigene innere Chaos kennenzulernen.
Man kann sagen: »Chaos, ich fürchte dich. Ich ahne aber, daß du auch
in mir bist.« Und wenn man ganz mutig ist, kann man sagen: »Chaos,
ich lasse dich jetzt zu. Mache, was du willst.«
Oft fühlen sich sofort einige Bereiche des Körpers wärmer, fließender
und lebendiger an. Manchmal verschwindet eine Blockade im Bauch
oder im Rücken. Dann kommt auch noch die Freude dazu.
So fühlt sich das Chaos an, wenn man sich nicht mehr so sehr vor ihm
schützt. Es ist die oft unvorhersehbare Vielfalt im Körper, in den
Gefühlen und in den Gedanken. Es ist der ewige fließende Strom des
Lebens, der einem alles schenkt, wenn man nur ein bißchen mehr Vertrauen zu ihm hat.

*

Depression   Ersehnt: *Kraft, Fröhlichkeit*

● *Unbewußtes Verhalten:* Neben der Angst ist die Depression »Feind
Nummer eins«. Sie soll die Ursache dafür sein, daß man seine Freude,
seine Lebendigkeit und zuletzt sogar seinen Lebenswillen verliert und in

128

psychiatrischer Behandlung mit Medikamenten dahinvegetiert oder sich im schlimmsten Fall das Leben nimmt.

Wer selbst nicht von Depressionen betroffen ist, glaubt oft, daß der depressive Mensch eigentlich gar nicht richtig krank sei. Er lasse sich nur gehen und bade in Selbstmitleid. Würde er sich nur ordentlich zusammenreißen, könnte er seinen unerträglichen Zustand überwinden. Der Kranke erlebt so zu seinem großen Leid auch noch Ablehnungen und Belehrungen durch die anderen.

● *Innere Erfahrungen:* Ich nenne die Depression »eine Verlockung der inneren Tiefe«. Dort gibt es nicht nur die bedrohliche Dunkelheit, sondern wunderbare Lebensenergien, die auf einen warten. Der Weg dahin ist das innere Sich-fallen-lassen-Können, das für viele Menschen außerordentlich bedrohlich erscheint.

Die schweren Symptome einer Depression kommen aus dem übermäßigen Schutz, den man aufbaut, wenn man innerlich in die dunkle Tiefe abzustürzen droht. Denn man glaubt, daß man dabei geschädigt oder gar getötet werden könnte. Man verwechselt die äußere und die innere Welt.

Bei inneren Erfahrungen mit der Depression ermutige ich den betroffenen Menschen, alles anzusprechen, was er in sich spürt. Das sind Hilflosigkeit, Angst, Trauer, Verzweiflung, Hoffnungslosigkeit, Todessehnsucht und vieles andere Unangenehme. Er kann sogar zur Depression selbst sprechen und, wenn es ihm möglich ist, sich ihr ausliefern. Er sagt dann:»Depression, mache mit mir, was du willst.«

Manchmal wird es ziemlich dramatisch, es ist aber immer zu ertragen. Man kann in eine dunkle Tiefe fallen und dabei das Fallen und die Dunkelheit ansprechen. Man kann aber auch schweben oder fliegen oder sich ganz auflösen. Das kann am Anfang angst machen, aber wenn man sich ihm zuwendet, wird es geradezu angenehm. Man findet fast immer Ruhe und Geborgenheit und oft starke, bunte Lebensenergien, nach denen man sich schon lange gesehnt hat.

Damit hat man die Depression nicht überwunden oder erledigt. Man kann jedoch viel offener mit den eigenen dunklen Stimmungen umgehen, die dann ziemlich undramatisch und manchmal sogar angenehm werden.

*

Distanz Ersehnt: *Nähe*

● *Unbewußtes Verhalten:* Distanz zwischen Menschen wird als Kühle, Ablehnung oder Desinteresse wahrgenommen. Sucht man Nähe, Berührung oder Verständnis, leidet man an der Distanz der anderen oder an der eigenen Kühle. Man versucht dann, die Distanz zu überwinden, um Nähe zu spüren.

● *Innere Erfahrungen:* Man kann sich auch einer Distanz, die man von jemand anderem erlebt hat, innerlich zuwenden. Dann wird einem bewußt, daß der andere Mensch ziemlich wenig Vertrauen zu sich selbst hat und sich vor manchen Gefühlen und inneren Zuständen durch Kühle und Abwehr zu schützen versucht.

Wird man dann traurig, kann man im Umgang mit der eigenen Trauer merken, daß man zu ihr und anderen unangenehmen Gefühlen auch kein Vertrauen hat. Man ist dem kühlen Menschen ähnlich, was man eigentlich nie sein wollte.

Das gibt einem die Gelegenheit zu sagen: »Distanz, ich mag dich nicht. Ich spüre jedoch, daß du schon lange zu mir gehörst.« Damit öffnet man sich den Zugang zu all den Gefühlen und inneren Zuständen, zu denen man bisher »innere Distanz« gehalten hatte.

*

Dunkelheit Ersehnt: *Licht*

● *Unbewußtes Verhalten:* Auf vielen religiösen Wegen sucht man das Licht oder die Erleuchtung. Die meisten glauben, daß sie sich dafür aus der Dunkelheit befreien müßten, in der sie sich gefangen fühlen. Es gibt viele Anleitungen, wie man das Dunkle überwindet oder transformiert, um endlich das Helle zu erfahren. Man versucht zum Beispiel, unangenehme Zustände oder Gefühle wie Angst, Depression oder Trauer dem Licht zu übergeben, damit sie einen nicht im Dunklen festhalten.

● *Innere Erfahrungen:* Depression und Trauer werden meistens als ganz dunkel empfunden, was oft Angst oder Abwehr auslöst. Kämpft man dann gegen die bedrohliche Dunkelheit und gegen die Angst und Abwehr, wird einem bewußt, daß man diese »negativen« Zustände keineswegs endgültig überwinden kann. Sie wirken eher noch schlimmer, weil sie durch die heftige Abwehr immer mehr Kraft zu gewinnen scheinen.

Ich empfehle, in einer solchen Krise die Dunkelheit als einen Teil von sich wahrzunehmen und mit ihr zu sprechen. Es reicht völlig aus zu sagen:»Dunkelheit, ich mag dich nicht. Aber ich ahne, daß du trotzdem zu mir gehörst.« Damit öffnet sich der Zugang zu der bisher verstellten dunklen inneren Welt, in der man viele Lebensenergien und sogar Geborgenheit und Glück finden kann. Taucht man in die Dunkelheit ein, bleibt sie oft ganz undurchsichtig, ist aber gut zu ertragen. Manchmal wird sie heller, oder es geht eine strahlende Sonne auf. Damit überwindet man die Dunkelheit jedoch nicht. Man muß sich zwischen Dunkelheit und Licht nicht entscheiden, weil beide zu einem gehören.

*

Einsamkeit Ersehnt: ***Beziehung, Nähe***

● *Unbewußtes Verhalten:* Man spürt Einsamkeit, wenn man die Nähe anderer Menschen vermißt. Man bemüht sich dann meistens um Beziehungen, lädt Freunde ein, geht in die Kneipe oder zu Veranstaltungen. Leider erlebt man dabei oft nicht die erwünschte Begegnung, die einen zufriedener und ruhiger macht.

Dann glaubt man, daß man nicht genug getan hat. Man bemüht sich noch mehr um andere. Daraus kann ein dauerhafter Streß mit Erwartungen, Enttäuschungen, Trauer und noch mehr Angst vor Einsamkeit entstehen.

● *Innere Erfahrungen:* Ich empfehle, wahrzunehmen, daß sich das Gefühl der Einsamkeit in einem selbst abspielt, auch wenn es von der Abwesenheit anderer verursacht wird. Man kann die Einsamkeit ansprechen, sich ihr öffnen und sich ihr vielleicht sogar ausliefern, indem man sagt:»Einsamkeit, mache mit mir, was du willst.«

Ich erlebe dabei immer wieder mit, daß jemand ruhiger wird und sich wohl zu fühlen beginnt. Die Angst, in der Einsamkeit unterzugehen, erfüllt sich nicht. Spricht er dann die Ruhe und sein Wohlbefinden an, wird ihm bewußt, daß er sich in sich selbst wohl fühlt.

Das ist für viele eine neue Erfahrung, die ihnen Mut macht, bewußter und offener mit sich umzugehen. Wendet man sich so öfter einmal einem angenehmen oder unangenehmen inneren Zustand zu, weiß man bald, daß man mit sich selbst in erfreuliche innere Beziehung kommen kann. Man gewinnt immer mehr Vertrauen zu seiner inneren Vielfalt und erlebt ein beglückendes »Eins-Sein« oder »All-eins-Sein« in sich selbst. Das macht einen sehr viel unabhängiger von der Anwesenheit und vom Verhalten anderer Menschen.

131

Enge   Ersehnt: *Weite, Freiheit*

● *Unbewußtes Verhalten:* In einer Liebesbeziehung mag und sucht man
die Enge. Sonst empfindet man sie oft als lästig oder gar bedrohlich.
Viele Menschen fühlen sich in bestimmten Räumen oder Situationen
eingeengt und bemühen sich dann, mehr Weite zu finden. Innerlich
empfinden viele Menschen die Enge in Form von Grenzen, Mauern
oder Blockaden. Sie versuchen, diese einengenden Zustände zu beseitigen oder zu überwinden, um sich freier und weiter zu fühlen.

● *Innere Erfahrungen:* Begrenzungen und Enge sind häufige Themen
innerer Erfahrungen. Auch wenn der betroffene Mensch nur daran
denkt, eine innere Mauer oder Grenze zu überwinden, bitte ich ihn, sie
als Teil von sich zu erfahren. Das fällt meistens schwer, weil man fürchtet, daß die Begrenzung dann noch undurchdringlicher und vielleicht
endgültig wird.

Beginnt man jedoch, mit einer inneren Mauer zu sprechen, kommt
man zu einem starken Schutz, den man bisher gegen etwas Unvertrautes
oder Bedrohliches aufgebaut hatte. Wird man sich dessen bewußt, kann
man auch das Bedrohliche ansprechen und mit ihm hilfreiche Erfahrungen machen. Danach kann die Mauer durchlässiger werden oder sogar
verschwunden sein. Oft spürt man auch im Körper ein Loslassen.

Enge spüren viele Menschen auch in der Kehle oder im Brustraum.
Die Kehle schnürt sich zu. Es fühlt sich an, als gebe es dort einen dicken
Kloß, der einen zu ersticken droht. Oder auf dem Brustkorb ruht eine
schwere Last, die ihn zu zerdrücken droht. Beides löst große Angst aus,
die man sofort unter Kontrolle zu bringen versucht. Damit wird die Enge meistens noch bedrohlicher. Hat man den Mut zu sagen:»Enge, ich
lasse dich jetzt zu. Mache mit mir, was du willst«, kommen einige der
Gefühle hoch, die man bisher nicht mochte: Angst, Trauer, Hilflosigkeit, auch Wut oder Haß. Man kann sie ansprechen und sie zulassen, soweit es einem möglich ist. Sie überfallen und zerstören einen nicht. Sie
fließen warm und erträglich. Die Enge war der unbewußte Schutz vor
ihnen.

*

Ernst   Ersehnt: *Lockerheit, Heiterkeit*

● *Unbewußtes Verhalten:* Eigentlich ist das Leben ja eine ernste Angelegenheit. Man hat von Kindheit an Probleme mit anderen Menschen.
Man muß viel lernen und alles richtig machen, um im Leben, in Bezie-

132

hungen und im Beruf zu bestehen. Man leidet immer wieder, ohne es zu verstehen und grundsätzlich ändern zu können.

Gleichzeitig hat man viel Sehnsucht nach Lockerheit und Fröhlichkeit. Man bemüht sich, Entspannung und Leichtigkeit zu finden. Dazu gibt es viele private und öffentliche Veranstaltungen, in denen es fröhlich zugeht und man den Ernst des Lebens für ein paar Stunden vergessen kann.

● *Innere Erfahrungen:* Sich seinen Problemen, seinem Leiden und seinen Anstrengungen innerlich zuzuwenden führt ganz sicher zu vielen unangenehmen Gefühlen wie Trauer, Hilflosigkeit, Angst, Überdruß und Erschöpfung. Man wird sich dabei bewußt, wie verbissen man bisher gegen diese Gefühle vorgegangen ist und wie sehr man sich dabei angestrengt hat, sie endlich zu erledigen. Man wollte sich endlich freier, leichter und fröhlicher fühlen. Es ist einem jedoch nicht gelungen.

Jetzt kann man alle diese Gefühle ansprechen. Man muß sie jedoch nicht gleich annehmen oder gar lieben. Man darf zum Beispiel auch sagen:»Angst, ich mag dich nicht.« In jedem Fall entsteht eine erste Beziehung zu diesen Gefühlen. Und die reagieren auf ihre Weise. Es wird ein bißchen stiller, leichter und sogar fröhlicher im eigenen Inneren. Ja selbst die Trauer kann sich herzlich freuen, wenn man sich ihr zuwendet.

Nach solchen Erfahrungen begreift man, warum in Asien das Leben manchmal als »das Spiel Gottes« bezeichnet wird. Das irdische Leben wird offener, leichter und erheblich spielerischer, wenn man mehr Vertrauen zu sich selbst hat und immer wieder einmal mitten im Alltag seine innere Vielfalt und Buntheit spürt und sie bewußt mit in die äußere Situation nimmt.

*

Fallen   Ersehnt: ***Halt haben, nicht den Boden verlieren***

● *Unbewußtes Verhalten:* Physisch den Halt zu verlieren ist meistens eine schmerzhafte Angelegenheit. Am Rande eines Abgrundes zu stehen, in die Tiefe zu schauen und sich vorzustellen, was geschehen würde, wenn man hinunterfiele, löst große Angst aus. Aber vielleicht auch gleichzeitig die Sehnsucht, sich loszulassen. Dann gewinnt man schnell wieder die Kontrolle über sich, um es nicht wirklich zu tun. Träumt man von einer ähnlichen Situation, verhält man sich genauso. Man rettet sich ins Wachbewußtsein und freut sich, daß man den Absturz vermieden und sein Leben gerettet hat.

Derartige innere Bedrohungen erleben manche Menschen sehr oft, häufig sogar im Wachbewußtsein. Sie leben dann in der großen Angst, zu fallen und zu sterben. Das kann zum Beispiel ein Symptom einer akuten Depression sein.

● *Innere Erfahrungen:* Unbewußte Menschen verwechseln fast immer die äußere und innere Welt. Sie sind sicher, daß man auch durch den Sturz in den inneren Abgrund geschädigt oder zerstört wird. Das ist bei uns so selbstverständlich, daß kaum jemand nach innen zu gehen wagt, um dort Erfahrungen zu machen.

Zum Fallen oder Sich-Loslassen werden wir von innen oft aufgefordert. Immer wieder denken wir daran oder träumen davon, abzustürzen, im Meer zu versinken, ins Feuer zu fallen, uns an Gewalt oder an anderes Zerstörerisches auszuliefern. Fast alle Menschen reagieren darauf mit Angst und Abwehr, als ob ihr irdisches Leben bedroht wäre.

Ich kann ohne Bedenken und mit großer Überzeugung empfehlen, einem solchen Ruf von innen bewußt nachzugeben. Man kann sich hinlegen oder hinsetzen und sich vergewissern, daß der physische Körper in Sicherheit ist. Dann reicht es aus, sich vorzustellen, am Rande eines Abgrundes zu stehen und sich in ihn – mit Angst – hineinfallen zu lassen. Man kann abstürzen, man kann auch schweben oder fliegen.

Was dann weiter geschieht, ist nicht mehr so wichtig, denn man hat sich einmal bewußt einer inneren Bedrohung ausgeliefert. Man erfährt dabei, daß man keineswegs geschädigt oder verrückt wird. Oft fühlt man sich im Fallen oder danach ganz leicht und wohl.

*

Feindschaft   Ersehnt: *Freundschaft, Vertrauen*

● *Unbewußtes Verhalten:* Wohl jeder kennt einige andere Menschen, die er als ganz unerträglich und feindlich empfindet. Das kann zum Beispiel ein Diktator mit seinen Gewalttaten und seiner Unmenschlichkeit sein. Es kann aber auch der bisherige Ehepartner sein, mit dem man in einem schmerzhaften Scheidungsverfahren steht. Feinde werden abgelehnt, moralisch verdammt, verfolgt, bekämpft, überwunden und – vor allem in Fernsehdramen – getötet.

● *Innere Erfahrungen:* Ähnlich gehen viele Menschen mit ihren »negativen«, bedrohlichen oder zerstörerischen Gefühlen und körperlichen

134

oder geistigen Zuständen um. Dazu gehören Angst, Depression, Wut und Haß, körperliche Schmerzen, Krankheiten, aber auch Gedanken an Gewalt oder Tod. Vor ihnen schützt man sich – oft ganz unbewußt und automatisch – durch Mauern, Wälle und Blockaden. Gegen sie kämpft man mit Gewalt und oft mit Chemie (Medikamente), um sie endgültig zu überwinden. Erst danach meint man zufrieden und glücklich leben zu können.

Das biblische Wort: »Liebe deine Feinde« ist – wie fast alles in einer Heiligen Schrift – eine eindeutige Ermutigung zu inneren Erfahrungen. Man kann zum Beispiel sagen: »Gewalt in mir, du machst mir angst.« Damit nähert man sich zwei seiner bisherigen Feinde, der Gewalt und der Angst. Vielleicht kommen dann auch noch andere dazu wie Hilflosigkeit, Trauer und Verzweiflung.

Mit allen seinen Feinden könnte man eine innere »Konferenz für vertrauensbildende Maßnahmen (KSZE)« veranstalten, indem man sich mit ihnen an einen Tisch setzt, ihnen in die Augen sieht und bemerkt, daß sie alle zu einem gehören. Man muß sie nicht gleich lieben, aber man kann sich ihnen zuwenden. Gewalt, Hilflosigkeit, Angst, Trauer und alle anderen inneren Feinde sind nämlich »neutrale« Lebensenergien, die einem – ganz undramatisch – viel Kraft und Selbstvertrauen zur Verfügung stellen, wenn man nur den Mut hat, innerlich mehr mit ihnen zu leben und zu sprechen.

In östlichen Religionen heißt es: »Dein größter Guru (Lehrer) ist dein Feind.« Das gilt außen und innen. Denn ein feindlicher Mensch löst in uns die Gefühle oder Zustände aus, die uns bedrohlich oder zerstörerisch erscheinen. So kommt man zu den inneren Feinden. Und damit gewinnt man die Möglichkeit, bewußter und offener mit ihnen zu leben. Daraus können so viel Selbstvertrauen und Selbstbewußtsein entstehen, daß man freundlicher und liebevoller mit sich selbst und mit anderen Menschen umgehen kann.

Das hindert einen natürlich nicht, sich vor einer äußeren Bedrohung – vielleicht durch einen feindlichen Menschen – in Sicherheit zu bringen.

*

Frust Ersehnt: *Zufriedenheit*

● *Unbewußtes Verhalten:* Frust (Frustration) ist eigentlich ein »neudeutsches« Wort für Enttäuschung. Der Begriff Frust wirkt nicht so schwer und bedeutsam wie das Wort Enttäuschung. Frust ist geradezu gesellschaftsfähig und fast schon normal. Berichte vom Frust in der Beziehung zur Mutter, zum Vater, zum Lehrer, zum Chef und zum Partner oder im Umgang mit dem Finanzamt oder der Polizei würzen jedes Gespräch.

Aber man leidet auch wirklich an seinem Frust und versucht, ihn zu überwinden. Man glaubt jedoch, erst – mit viel Anstrengung und Druck – Mutter, Vater, Lehrer, Chef und Partner ändern zu müssen, bis es einem endlich besser gehen kann. Merkt man dann, daß sich die anderen nicht so einfach ändern lassen, kann der Frust übermächtig werden.

● *Innere Erfahrungen:* Wendet man sich dem – scheinbar von außen kommenden – Frust zu, lernt man ihn als Teil von sich selbst kennen. Man hat viele Sehnsüchte und Erwartungen an sich selbst , die sich meistens leider nicht so erfüllen, wie man es sich wünscht. Man kann seine Sehnsüchte und Erwartungen ansprechen. Es ist möglich, daß man dann seiner Trauer, Hilflosigkeit und Wut begegnet, denen man sich auch zuwenden kann. Häufig stellen sich unversehens Leichtigkeit, Ruhe und sogar ein bißchen Freude ein, nach denen man sich gesehnt hat.

Man erlebt, daß man sich vielleicht gar nicht mehr so anstrengen muß, etwas Ersehntes zu erreichen. Man muß nämlich das Unangenehme oder Hinderliche nicht erst überwinden. Hat man den Mut, sich dem zuzuwenden, wird einem von innen viel Angenehmes geschenkt. Der Frust kann ein schneller innerer Weg zur Zufriedenheit sein.

*

Haß Ersehnt: *Liebe*

● *Unbewußtes Verhalten:* Haß und Wut gelten als die übelsten und bösesten Gefühle, die viel Unheil anrichten können und die man daher stets unter Kontrolle halten muß. So versuchen viele Menschen, jeden Anflug von Haß oder Wut sofort zu unterdrücken, in der Hoffnung, bald von diesen niederen Gefühlen befreit zu sein. Spürt man sie nicht mehr, behauptet man, daß man Haß, Wut und andere negative Gefühle überwunden habe.

● *Innere Erfahrungen:* Trotz der vielen vernichtenden Urteile über Haß

136

und Wut sind sie nicht unsere inneren Feinde. Man darf sich nach innen wenden und sagen: »Haß, ich habe kein Vertrauen zu dir. Hilf mir, dich besser kennenzulernen.« Einer aufkommenden Angst kann man sagen: »Angst, begleite mich.«

Dabei kann man wahrnehmen, gegen wen oder was sich der Haß richtet. Vielleicht wird in einem eine Gestalt deutlich, die wie ein gehaßter Mensch aussieht. Man kann ihr sagen: »Ich hasse dich!« Man kann sie innerlich beschimpfen, sie schütteln, schlagen, treten, ja sogar verletzen oder töten. Danach kann man fragen: »Bist du in mir? Wer bist du?«

Man lernt damit einen Teil von sich kennen, den man bisher nicht ertragen konnte, vor dem man Angst hatte oder der einen sehr hilflos gemacht hat. So kommt man zu seiner Abwehr, Angst und Hilflosigkeit, die man auch ansprechen kann. Dabei merkt man, wie schwer es einem fällt, sich diesen Gefühlen zuzuwenden. Unbewußt und automatisch wird ein starker Schutz mobilisiert. Wenn man den anspricht, wird man sich bewußt, wie wenig Vertrauen man bisher zu manchem in sich hatte. Und dann spürt man Schmerz, Trauer, Verzweiflung und Schuldgefühle, die man auch nicht mag.

Wenn es einem möglich ist, kann man sich danach an die Gestalt ausliefern, auf die man eben in seinem Haß losgegangen ist. Man kann sagen: »Jetzt vertraue ich mich dir an. Mache mit mir, was du willst.« Vielleicht ist diese Gestalt freundlich und liebevoll, vielleicht jedoch auch bedrohlich und gewalttätig. So wie man eben selbst gewütet hat, kann man sich der inneren Gewalt ausliefern, sich beschimpfen, schlagen, treten und sogar verletzen und töten lassen. Danach erlebt man – mit Erstaunen –, daß man nicht zerstört oder geschädigt worden ist. Man ist heil und hat mehr Vertrauen zu sich und seinen starken Energien gewonnen. Der Haß war der Weg dahin.

Haß kann nicht nur entstehen, wenn man an einen anderen Menschen denkt, sondern auch in bezug auf eigene Gefühle oder Körperteile oder -zustände. Man kann genauso damit umgehen, wie ich es eben geschildert habe. Man kann in sich nichts zerstören, und man wird selbst nicht geschädigt.

*

Hilflosigkeit Ersehnt: *Sicherheit*

● *Unbewußtes Verhalten:* Es gibt viele Situationen, in denen man sich hilflos fühlen kann: bei Problemen in Beziehungen, bei Krankheiten und Behinderungen, bei Schwierigkeiten mit dem Geld, bei Nachrichten über Kriege oder Umweltschäden. Jeden Tag ist jeder Mensch mehrfach hilflos. Meistens wird man sich seiner Hilflosigkeit jedoch nicht bewußt, sondern merkt nur, daß man sich nicht wohl fühlt. Das versucht man sofort zu vermeiden und zu unterdrücken. Häufig reagiert man dann abweisend oder aggressiv nach außen, was einen noch hilfloser macht.

● *Innere Erfahrungen:* Das ganze Leben kann sich verändern, wenn man sich seiner Hilflosigkeit bewußt wird und sie sich zugesteht. Man kann sagen:»Hilflosigkeit, ich spüre dich.« Gleichzeitig kann man andere Gefühle wahrnehmen wie zum Beispiel Wut, Aggression, Angst, Verzweiflung, Erschöpfung oder Trauer. Auch die kann man ansprechen und sie zulassen, soweit es einem möglich ist.

Es ist sicher, daß dabei – sofort oder im Laufe der Zeit – Ruhe und Entspannung entstehen. Aus dem Nichts-mehr-tun-Können der Hilflosigkeit wird das Nichts-mehr-tun-Müssen. Man weiß dann, daß man vieles innen und außen nicht ändern kann und nicht ändern muß. Damit wird man zufriedener mit sich und der Welt. Das hindert einen jedoch nicht, im Rahmen der eigenen Möglichkeiten etwas zu tun, sich also zum Beispiel im Umweltschutz oder bei Hilfsaktionen zu engagieren.

*

Hoffnungslosigkeit Ersehnt: *Zuversicht, Hoffnung*

● *Unbewußtes Verhalten:* Leidet man daran, daß einem eigene Zustände, andere Menschen oder äußere Umstände unerträglich geworden sind, setzt man seine ganze Hoffnung darauf, aktiv seine Probleme überwinden zu können. Also tut man etwas, verändert etwas, kämpft gegen oder für etwas und macht eine Therapie, um sich endlich wieder besser zu fühlen.

Oft merkt man jedoch nach vielen Bemühungen, daß es nicht so gelingt, wie man es sich wünscht. Man strengt sich noch mehr an, um auch die aufkommende bedrohliche Verzweiflung und Hoffnungslosigkeit unter Kontrolle zu bringen. Am Ende verlieren manche Menschen ihre Hoffnung ganz. Viele von ihnen leiden an schweren Depressionen.

• *Innere Erfahrungen:* Wendet man sich seiner Hoffnungslosigkeit zu, dann resigniert man nicht endgültig und wird nicht völlig unfähig, wie viele fürchten. Sagt man zum Beispiel: »Hoffnungslosigkeit, ich spüre dich, und ich habe Angst vor dir«, ist man sofort bei seiner Angst und vielen anderen Gefühlen wie Trauer, Verzweiflung, Schmerz und Todessehnsucht. Spricht man die auch an und öffnet sich ihnen innerlich, soweit es möglich ist, findet man meistens ein bißchen mehr Ruhe und Gelassenheit in sich. Das macht Hoffnung, daß man ganz anders mit seinem Leiden umgehen kann. Vielleicht muß man ja nicht nur dagegen kämpfen, sondern kann sich ihm nähern, um innerlich vertrauter mit ihm und sich selbst zu werden.

*

Kälte Ersehnt: **Wärme, Geborgenheit**

• *Unbewußtes Verhalten:* Zu mir kommen immer wieder Menschen, die sehr kälteempfindlich sind. Einige haben fast dauernd kalte Hände und Füße. Sie sehnen sich nach Wärme und reisen oft in südliche Länder, um sich dort wohler zu fühlen. Ebenso berichten mir Menschen von unerträglichen Beziehungen, in denen sie sich durch die seelische Kälte anderer abgelehnt und verletzt fühlen. Sie sehnen sich nach Beziehungen, in denen sie endlich Wärme und Nähe finden können.

• *Innere Erfahrungen:* Es macht keinen Unterschied, ob man seiner Kälte durch kalte Füße oder schmerzhafte Erinnerungen innerlich näher kommt. Man kann sagen: »Kälte, du bist mir unangenehm. Ich leide an dir.« Wenn dann Trauer aufkommt, kann man sich bewußt werden, daß man nicht traurig werden mag. Man kann zu ihr sagen: »Trauer, ich mag dich nicht. Ich versuche, dich unter Kontrolle zu bringen.« Damit ist man bei seiner – bisher weitgehend unbewußt gelebten – Abwehr, der man sich ebenfalls zuwenden kann. Auch die mochte man nicht, weil man eigentlich offen sein wollte. Vielleicht ist man dann von sich enttäuscht und wendet sich sofort auch dagegen.

So kann man sich der eigenen Kälte und Ablehnung bewußt werden, mit der man sich bisher vor allem zu schützen versucht hat, was einem unangenehm, negativ oder bedrohlich erschienen ist. Die Hinwendung zur eigenen Kälte ist also auch wieder ein Weg nach innen. Man kann der Kälte dabei sogar danken, daß sie einen auf so viele innere Vorgän-

139

ge aufmerksam gemacht hat. Die freut sich dann, daß man ein bißchen wärmer mit ihr umgeht. Vielleicht merkt man dann, daß die bisher kalten Hände und Füße warm und lebendig geworden sind.

*

Kampf   Ersehnt: *Frieden*

● *Unbewußtes Verhalten:* Bei uns geschätzt und gefördert werden der Kampf gegen Negatives und Böses, gegen Leiden und Krankheit, ums Überleben sowie Wettkampf und Konkurrenzkampf in der Wirtschaft. Dagegen wird der Kampf von Menschen gegeneinander wie auch der – oft unbewußte – Kampf gegen sich selbst als negativ angesehen. Derartige Kämpfe versucht man unter Kontrolle zu bringen, um sie zu beenden.

● *Innere Erfahrungen:* Auch im Inneren ist der Kampf eine starke Energie, mit der man etwas zu erreichen oder aber zu beseitigen versuchen kann. Man leidet jedoch nicht daran, daß man in sich kämpft, sondern daß man so unbewußt damit umgeht. Denn der innere Kampf für oder gegen etwas ist meistens ganz automatisch. Man kämpft gegen alles Unangenehme, Fremde und Bedrohliche in sich, um nur noch mit dem Vertrauten und Angenehmen zu leben.

Wie bei allem anderen kann man auch mit dem Kampf bewußter leben. Man muß ihn nicht gleich niederkämpfen, wenn man ihn für negativ hält. Man kann sich ihm zuwenden und zum Beispiel sagen:»Kampf, du bist wohl auch ein Teil von mir.« Wird man dann traurig, kann einem bewußt werden, wie schnell man die Trauer bekämpft. Man könnte dann sagen:»Trauer, ich spüre dich und lasse dich ein bißchen mehr zu.« Man könnte aber auch sagen:»Trauer, ich probiere jetzt aus, wie es ist, wenn ich bewußt gegen dich kämpfe.« Dann kann man alles machen, was man will. Man kann die Trauer angreifen, sie schlagen oder treten, ja sie sogar umbringen.

Damit macht man Erfahrungen mit dem inneren Kampf, spürt sich und seine Gefühle. Vielleicht sind da Angst und Schuldgefühle, daß man jetzt Schaden in sich anrichtet. Ich weiß aus sehr vielen Erfahrungen, daß man innerlich nichts kaputtmachen kann, aber auch nicht zerstört werden kann, wenn man seine aggressiven und scheinbar zerstörerischen Energien einsetzt. Auch die Trauer, die man gerade niedergestreckt und getötet hat, lächelt vielleicht danach und sagt:»Das war der Weg zu mir.«

140

Ebenso darf man sich allen inneren Angriffen öffnen. Man kann sich einer bedrohlichen Gestalt oder einem übermächtigen Tier ausliefern und sich zerstören oder fressen lassen. Danach kommt eine große Erleichterung, wenn man merkt, daß man es überlebt hat und sich freier und fließender fühlt.

Mehr Vertrauen zum inneren Kampf zu gewinnen fördert das körperliche Immunsystem, das ja ständig und gnadenlos kämpfen muß, um unser Überleben zu garantieren. Es wird schwächer, wenn man wenig Vertrauen zu den eigenen aggressiven und scheinbar zerstörerischen Energien hat.

Kann man dem inneren Kampf mehr vertrauen, dann macht man zunehmend Frieden mit sich selbst. Auch außen kann man offener und liebevoller mit anderen Menschen umgehen, weil man ihr Verhalten als Ausdruck ihres eigenen inneren Umgangs erkennen kann und nicht sofort denkt, daß es sich gegen einen selbst richtet.

*

Kleinheit Ersehnt: ***Größe, Erwachsensein***

● *Unbewußtes Verhalten:* Kleingewachsene Menschen haben oft Probleme mit ihrer Körpergröße. Sie fühlen sich übersehen oder von oben herab behandelt. Manche versuchen, das durch Schuhe mit hohen Hacken, großes Auftreten, eine wichtige Stellung und ein großes Auto auszugleichen.

Die Kleinheit ist jedoch häufig auch ein Problem für Menschen mit üblicher Körpergröße. Sie fühlen sich manchmal klein, unbedeutend und verletzlich, spüren Angst und Hilflosigkeit und versuchen, sich davor nach außen zu schützen. Das geschieht zum Beispiel durch Arroganz und Aggressivität.

● *Innere Erfahrungen:* Bei Begleitungen durch innere Erfahrungen erlebe ich häufig Erinnerungen an die Kindheit, in denen man sich gegenüber einem übermächtigen Erwachsenen ganz klein und hilflos gefühlt hat. Ich ermutige dann, innerlich dem Erwachsenen zu sagen: »Ich bin ganz klein. Ich habe Angst vor dir.« Das fällt meistens schwer, weil man fürchtet, der Erwachsene könne jetzt über einen herfallen, einen mißhandeln oder gar erdrücken.

Sollte das geschehen, erlebt der Mensch endlich, daß er nicht zerstört wird. Denn er hat sich ja nicht an jemand anderen, sondern an etwas ei-

141

genes Inneres ausgeliefert. Oft bleibt der angesprochene Erwachsene jedoch ruhig und reagiert ganz freundlich.

Der Mensch lernt in jedem Fall durch die Erfahrungen mit seiner Kleinheit und Verletzlichkeit einen Teil von sich selbst kennen, den er bisher immer mit dem äußeren Menschen verwechselt hat. Und dieser innere Teil ist – wie alles im Inneren – liebevoll und vertrauenswürdig. Danach darf man im Inneren auch klein sein. Es ist ein Weg zum inneren Kind.

*

Kontrolle verlieren   Ersehnt: ***Kontrolle behalten***

● *Unbewußtes Verhalten:* Ein Ideal vieler westlicher Menschen ist, alles im Griff zu haben und zu behalten. Man hofft, vernünftig und ohne störende Emotionen mit sich und anderen leben zu können. Unberechenbarkeit und Chaos lösen große Angst und Abwehr aus. Auf der anderen Seite versuchen viele Menschen, den eisernen Griff ihrer Kontrolle zum Beispiel durch den Konsum von Alkohol zu lockern oder zu durchbrechen.

● *Innere Erfahrungen:* Wer auf einem Wege zu sich selbst ist, hat oft eine ganz schlechte Meinung von seiner Kontrolle, weil er sie als das größte Hindernis ansieht. Die Kontrolle ist jedoch nicht das eigentliche Problem, sondern der unbewußte und oft automatische Umgang mit ihr.

Die Beziehung zur Kontrolle verändert sich sofort, wenn man sagt: »Kontrolle, du gehörst auch zu mir. Manchmal brauche ich dich. Hilf mir, bewußter mit dir zu leben.« Dann macht man die Kontrolle zu einer Helferin auf dem Wege zu sich selbst. Wird man sich der Kontrolle bewußt, kann man mit ihr das wahrnehmen, wovor man sich gerade im eigenen Inneren zu schützen versucht. Das sind alle die vielen als negativ oder bedrohlich angesehenen Gefühle und inneren Vorgänge.

Wird man dadurch ein bißchen vertrauter mit sich, kann man sich ab und zu das Abenteuer gönnen zu sagen: »Kontrolle, ich verliere dich jetzt einmal«, um sich dann zum Beispiel dem eigenen Unberechenbaren oder dem Chaos auszuliefern.

Die Hinwendung zur Kontrolle kann vor allem dem Kopf das Leben erleichtern. Denn man überfordert ihn ständig, wenn man ihn unbewußt dazu veranlaßt, alles zu analysieren, zu bewerten und vieles dann unter Kontrolle zu bringen. Die meisten Menschen merken gar nicht, daß sie dem Kopf den Auftrag dazu geben. Sie glauben, daß er es von sich aus macht und sie so behindert. Der arme Kopf arbeitet sich im Auftrag des Menschen halbtot und wird dann auch noch unfreundlich behandelt. Typische Überforderungssymptome sind Druck, Spannungen, Schmerzen, Migräne und Gedächtnisstörungen.

*

Langeweile Ersehnt: ***Unterhaltung, Aufregung***

● *Unbewußtes Verhalten:* Wenn es ruhig ist, nichts geschieht und man nichts zu tun hat, empfinden viele Menschen Langeweile, die ihnen unangenehm oder gar unerträglich ist. Sie versuchen dann, ihr durch Aktivitäten, Ablenkungen oder Zeitvertreib zu entkommen. Ein wesentlicher Teil der Unterhaltungsindustrie ist darauf gerichtet, Langeweile gar nicht erst aufkommen zu lassen.

● *Innere Erfahrungen:* Sich bewußt zu langweilen ist eine interessante Erfahrung, die man sich gönnen sollte. Man kann sagen:»Langeweile, ich lasse dich jetzt zu. Ich weiß nicht mehr, was ich tun kann oder will.« Man kann wahrnehmen, wie man dann überlegt, was man jetzt tun könnte. Man kann sagen:»Langeweile, ich habe wenig Vertrauen zu dir. Ich merke, wie ich dich loswerden will.« Aber man muß nichts tun, um die Langeweile abzuschütteln. Sie ist da.

Vielleicht berühren einen dann Einsamkeit und Hilflosigkeit, die man auch ansprechen kann. Vielleicht kommt sogar die Angst dazu, die man ebenfalls zulassen und ansprechen kann. Bleibt man achtsam, bemerkt man die Ruhe, die jetzt deutlicher wird. Nach der hatte man ja in der Anstrengung und Hektik des Alltages schon lange Sehnsucht. Und nun ist sie da. Man kann sagen:»Ruhe, ich spüre dich, und ich fange an, dich zu genießen.« Wo ist denn jetzt eigentlich die Langeweile?

*

Lärm Ersehnt: ***Ruhe***

● *Unbewußtes Verhalten:* Wir leben in einer lauten Welt mit all den technischen Geräuschen, die wir selbst produzieren. So ist es selbstverständlich, daß der Verkehr mit Autos, Motorrädern, Flugzeugen und Eisenbahnen oder Bauarbeiten eine ständige Lärmglocke über Städte und Landschaften legt. Die meisten Menschen spüren es gar nicht mehr. Gerade junge Menschen suchen sogar einen hohen Geräuschpegel in

Pop-Konzerten, Diskos, vom Walkman und von der Stereoanlage zu Hause oder im Auto.

Für manche Menschen wird der unvermeidbare Lärm immer unerträglicher und bedrohlicher. Sie versuchen, sich mit vielen Mitteln dagegen zu schützen, und geraten in immer mehr Abwehr, Wut, Hilflosigkeit und Verzweiflung. Der Kampf gegen den Lärm nimmt einen immer größeren Raum in ihrem Leben ein.

● *Innere Erfahrungen:* Kommt jemand in diesem Zustand zu mir, ermutige ich ihn, sich auch dem Lärm innerlich zuzuwenden und vielleicht zu sagen: »Lärm, ich finde dich unerträglich. Ich leide an dir.« Er kann danach auch die Störung, die Abwehr und das Leiden ansprechen und mit Erstaunen erleben, daß es ein bißchen ruhiger in ihm wird. Er sagt: »Ruhe, ich spüre dich jetzt ein wenig mehr und freue mich über dich.« Dann bitte ich ihn, dem Lärm zu sagen, daß er sich jetzt an ihn ausliefert: »Lärm, mache mit mir, was du willst.«

Oft spürt er dann in sich eine große Unruhe, einen starken Radau und ein bedrohliches Chaos. Er kann alles ansprechen und zulassen, soweit er möchte. Ihm wird bewußt, daß er jetzt viele innere Energien erfährt, zu denen er bisher wenig oder gar kein Vertrauen hatte. Die rumoren in ihm herum und scheinen ihn zu bedrohen. Da sind zum Beispiel Trauer, Angst, Hilflosigkeit, Wut, aber auch andere unvertraute Lebensenergien, nach denen er eigentlich Sehnsucht hatte, wie Kraft und Lebendigkeit. Der Mensch kann sich allem zuwenden, sich öffnen und dabei erfahren, daß alle seine Gefühlsenergien erträglicher, ja sogar angenehm werden, wenn er sich nicht mehr so unbewußt gegen sie schützt.

Nach solchen Erfahrungen kann man viel vertrauter mit seinen eigenen, bisher bedrohlich erscheinenden Energien leben. Man wird von dem oft unvermeidlichen äußeren Lärm weniger gestört.

*

Leiden   Ersehnt: ***Gesundheit, Glück***

● *Unbewußtes Verhalten:* Obwohl jeder Mensch auf der Erde immer wieder mehr oder weniger leidet, glauben die meisten bei uns, daß es nicht zum Leben und zu einem selbst gehört. Es gilt als etwas Fremdes, das vor allem durch äußere Umstände oder andere Menschen verursacht wird. Demnach kann man sich vom Leiden befreien, wenn man die äußeren Ursachen bekämpft und überwindet. Oft empfindet man

144

das Leiden als negativ und schlecht, in manchen religiösen Kreisen sogar als böse oder als Strafe Gottes.

● *Innere Erfahrungen:* Daß man nicht gern leidet, ist selbstverständlich. Aber daß man sein Leiden nicht als etwas Eigenes wahrnehmen kann, macht den Umgang mit ihm einseitig und zwanghaft und vertieft es.

So ist es ein großer Schritt auf dem Wege zu sich selbst, wenn man zum erstenmal sagt: »Leiden, ich ahne, daß du zu mir gehörst.« Es kann sein, daß man dabei Angst und Zweifel empfindet. Kann man noch gegen das Leiden kämpfen, wenn es etwas Eigenes ist? Wird es nicht übermächtig, wenn man freundlicher mit ihm umgeht?

Die Antworten kann man nur in sich selbst finden. Danach weiß man, wie es ist, wenn man mit seinem Leiden lebt und nicht mehr nur gegen es. Ich kann ohne jede Bedenken dazu ermutigen, es auszuprobieren. Denn ich erlebe fast jeden Tag Menschen, die ihrem Leiden danken, nachdem sie sich ihm zugewendet und tiefgreifende und zum Teil sehr beglückende Erfahrungen mit ihm gemacht haben.

Denn ein wesentlicher Teil des Leidens stammt aus dem unbewußten und unvertrauten Umgang mit dem eigenen Inneren. Man leidet an seiner Fremdheit, an seinen Bewertungen, an seinem »Negativen« und Bedrohlichen. Man leidet jedoch nicht weniger an dem vielen Angenehmen, das man nicht oder nur selten spürt und von dem man glaubt, daß man es mit Anstrengung erreichen müßte. Folgt man seinem Leiden, erreicht man das alles und wird vertrauter mit sich selbst.

*

Mangel Ersehnt: ***Reichtum, Fülle***

● *Unbewußtes Verhalten:* Die Unzufriedenheit ist ein Motor menschlicher Bemühungen. Wenn es einem an etwas mangelt, wird man tätig, es zu bekommen. Unser Wirtschaftssystem beruht darauf, daß wir ständig Mangel empfinden oder durch Werbung auf Mangel hingewiesen werden. Dabei geht es meistens nicht um das tägliche Brot, sondern um viele andere Mängel: neue technische Geräte, obwohl die alten noch funktionieren. Modische Kleidung oder Autos, weil die alten »out« sind.

Vor allem mangelt es einem an angenehmen Gefühlen und inneren Zuständen. Dann kauft man sich ein neues Auto, um Beachtung und Ansehen zu gewinnen, um zufriedener zu sein, mehr Kraft, Geborgenheit und Sicherheit zu empfinden. Man kauft es zwar auch, um von einem Ort zum anderen zu fahren. Das ginge aber meistens noch genauso gut mit dem alten Auto.

● *Innere Erfahrungen:* Geht man mit solchen Bedürfnissen bewußter um, erlebt man innere Wünsche oder Sehnsüchte. Man erkennt dann, daß man durch äußere Dinge oder Beziehungen etwas zu finden versucht, das man innen vermißt. Es mangelt an eigenen angenehmen und befriedigenden Gefühlen oder Zuständen. Kaum jemand weiß, daß alles in einem ist und daß man es leicht – ohne äußeren Aufwand – in sich finden kann. Unsere Fülle und unser Reichtum sind die unermeßliche Vielfalt des eigenen Körpers, der eigenen Gefühle und des eigenen Geistes. Vieles davon wird nicht wahrgenommen oder abgewehrt. Der »normale, unbewußte« Mensch lebt mit einem Bruchteil seiner Energien und Fähigkeiten. Daraus entsteht ein dauerhaftes Gefühl von Mangel, das auch durch die schönsten äußeren Dinge und Umstände nicht befriedigt werden kann.

Man begibt sich auf den Weg in die innere Fülle, wenn man zum Beispiel sagt:»Mangel, du bist ein Teil von mir. Bringe mich dahin, wohin du mich schon lange bringen wolltest.« Wird man dann traurig, begegnet man einem Teil seines Reichtums, dem man sich bisher verweigert hat: seiner Trauer. Sagt man ihr:»Trauer, ich spüre dich, und ich lasse dich zu«, kann sie einem ihre Weichheit, Wärme und Geborgenheit schenken, die ebenfalls zu unserer unermeßlichen inneren Fülle gehören.

*

Minderwertigkeit   Ersehnt: *Selbstbewußtsein*

● *Unbewußtes Verhalten:* Minderwertigkeitsgefühle hängen bei uns eng mit der Frage nach dem Sinn und dem Wert des eigenen Lebens zusammen. Nach den bei uns üblichen Anschauungen gibt man seinem Leben einen Sinn, wenn man seine Fähigkeiten nutzt, zufriedenstellende Beziehungen hat, es zu etwas bringt und vielleicht der Nachwelt etwas Wertvolles hinterläßt. Gelingt es einem nicht, hat man versagt und damit versäumt, sinnvoll und »wertvoll« zu leben. Solche Minderwertigkeitsgefühle werden demnach überwunden, wenn man sich bemüht, richtig zu leben, und wenn man sich und den anderen zeigen kann, daß es einem gelungen ist.

● *Innere Erfahrungen:* Wendet man sich seinen Minderwertigkeitsgefühlen zu und spricht man sie als Teile von sich an, erlebt man, daß

146

es nach innen geht. Vielleicht kommt man zu seinen Bewertungen, seinem Zweifel, seiner Angst und dem Streß, den man sich bisher gemacht hat. Dabei wird einem bewußt, daß man mit diesen und anderen Gefühlen und inneren Zuständen bisher keinen direkten Kontakt hatte. Man hat sie abgewehrt, unterdrückt und niedergekämpft, wenn sie sich zeigten. So kommt man auch zu seiner Trauer und seinen Schuldgefühlen, mit denen man bisher ähnlich umgegangen ist.

Man erfährt durch seine Minderwertigkeitsgefühle, wie wenig man sich wirklich kannte und wie viel man unbewußt als negativ oder minderwertig abgewehrt hat. In solchen Erfahrungen erlebt man nicht nur das Unangenehme, sondern ebenso Ruhe, Freude, Leichtigkeit und Zufriedenheit. Das kommt ohne Anstrengung auf, wenn man sich nach innen wendet.

Selbstbewußtsein und Selbstvertrauen entstehen nicht, nachdem man alles Negative und Falsche überwunden hat, sondern wenn man mit allem, was in einem ist, bewußter und vertrauter leben kann.

*

Nicht-verstanden-Werden Ersehnt: *Verständnis*

● *Unbewußtes Verhalten:* Wohl jeder Mensch hat die Sehnsucht, von anderen gehört, verstanden und angenommen zu werden, wie er ist. Viele erinnern sich an das Leiden, schon als Kind von Mutter und Vater manchmal oder häufig nicht beachtet und verstanden worden zu sein. Dieses Thema zieht sich bei vielen Menschen durch ihr ganzes Leben. Oft bemühen sie sich dann, es den anderen recht zu machen oder besondere Leistungen zu bringen, um Anerkennung und Verständnis zu finden. Sie sind jedoch weiterhin enttäuscht, weil sie nur selten oder nie spüren, wirklich verstanden zu werden.

● *Innere Erfahrungen:* Erinnert man sich zum Beispiel an die eigene Mutter, die einen oft nicht verstanden hat, kann man sich bewußtmachen, wie sie mit sich selbst umgegangen ist. Sie hatte wenig Beziehung zu ihren Gefühlen und inneren Vorgängen. Sie spürte und hörte sich oft selbst nicht und verstand manches nicht, was sie tat oder fühlte. Sie litt daran und verhielt sich ähnlich abweisend und verständnislos gegenüber anderen Menschen, von denen sie in ihren eigenen unvertrauten Gefühlen und Zuständen berührt wurde. Daher konnte sie auch nicht anders mit ihrem Kind umgehen, das ihr viele innere Themen nahebrachte wie

Zartheit, Weichheit, Verletzlichkeit, aber auch Wut, Trauer und »unkontrollierte« Lebendigkeit.

So kann einem endlich bewußt werden, daß die Mutter ziemlich große Probleme mit sich selbst hatte. Sie schützte sich vor ihren eigenen inneren Berührungen und nicht zuerst vor dem Kind, das sich jedoch nicht beachtet und nicht verstanden fühlte.

Meistens wird man ganz traurig, wenn man merkt, wie die Mutter gelitten hat (und wie sie heute noch leidet). Vielleicht wird man sich dabei bewußt, daß man die Trauer nicht hochkommen lassen kann, sondern sie abzuwürgen versucht. Man wendet sich von ihr ab. Die ungehörte und unverstandene Trauer zieht sich zurück.

Damit erfährt man direkt, daß man mit sich genauso umgeht, wie die Mutter es mit sich getan hat. Man schützt sich vor den eigenen unvertrauten und bedrohlichen Gefühlen. Man kann jetzt innerlich die Mutter ansprechen und sagen: »Mutter, ich merke jetzt, daß wir uns in diesem Schutz ganz ähnlich sind.« Dann kann man befreit weinen.

So kommt man in eine tragfähige Beziehung zu sich selbst. Man nimmt sich wahr, man begreift, daß alles zu einem gehört, und man erlebt, daß man von innen angenommen und verstanden wird. Danach ist es nicht mehr ganz so wichtig, ob jemand anderer einen versteht oder nicht.

*

Nichts-mehr-tun-Können   Ersehnt: *Nichts-mehr-tun-Müssen*

● *Unbewußtes Verhalten:* Bei uns versucht man meistens, sein Leben im Griff zu haben, aktiv zu sein, etwas zu erreichen und das Unangenehme zu vermeiden oder zu überwinden. Man erlebt jedoch immer wieder, daß es nicht so gelingt, wie man es sich wünscht: Beziehungen werden problematisch und brechen auseinander. Man versagt im Beruf oder erreicht nicht das, was man will. Man spürt immer wieder Ängste, Trauer, ja Depression, die man gar nicht mehr haben will. Und man wird krank und leidet.

Oft versucht man dann, sich noch mehr anzustrengen, um das Ruder herumzureißen. Aber irgendwann kommt der Augenblick, in dem man weiß, daß man nichts mehr tun kann. Es ist eine schmerzhafte Niederlage, die man auch nicht ertragen kann.

● *Innere Erfahrungen:* Trotzdem kann man sich dieses Nichts-mehr-tun-Können innerlich zugestehen und den Widerstand aufgeben. Das macht

148

sicher angst, die man auch zulassen kann. Vielleicht verliert man sogar innerlich den Halt und fällt sozusagen in seine Seele hinein. Man kann nichts mehr tun, und man muß in diesem Augenblick auch nichts mehr tun.

Das ist die Hingabe an sich selbst. Man kann darin alles finden, wonach man sich sein Leben lang gesehnt hat: Ruhe, Geborgenheit, Glück, Zufriedenheit und Liebe. Man muß sich nicht verstehen, man muß sich nicht ändern. Man muß nichts erreichen und auch nichts loswerden. Es ist alles da und gehört alles zu einem.

Diese inneren Vorgänge hindern einen jedoch nicht daran, im irdischen Leben aktiv zu sein, sich Ziele zu setzen und seine Fähigkeiten zu nutzen und zu genießen. Man bekommt von innen alles Nötige geschenkt, um vertraut und zufrieden auf der Erde zu leben.

*

Ohnmacht   Ersehnt: ***Kraft, Macht***

● *Unbewußtes Verhalten:* Bei einer körperlichen Ohnmacht verliert man einen Augenblick lang die gesamte Kontrolle über sich und sein Bewußtsein.

Dagegen entsteht ein Gefühl der Ohnmacht, wenn man über etwas Eigenes oder Äußeres keine Kontrolle gewinnen oder behalten kann. Man muß etwas geschehen lassen, was man mit allen Kräften zu vermeiden versucht. Oder man kann etwas nicht bekommen, was man mit allen Mitteln erreichen möchte. Es gibt zwei Möglichkeiten, eine unerträgliche Ohnmacht nicht mehr so bedrohlich zu spüren: Entweder wird man wütend, aggressiv und vielleicht sogar gewalttätig. Oder man rutscht in eine Depression, in der man kaum noch etwas anderes wahrnimmt.

● *Innere Erfahrungen:* Im Inneren ist die Ohnmacht ein ganz starkes Gefühl des Nichts-mehr-tun-Könnens, oft zusammen mit einem Verlust der Kontrolle. Wendet man sich der Ohnmacht direkt zu und sagt: »Ohnmacht, ich spüre dich. Du machst mir große Angst«, wird man keineswegs völlig unfähig oder zerstört, wie die meisten fürchten. Man fühlt sich natürlich immer noch nicht wohl, aber man spürt, daß man ein bißchen tiefer durchatmen kann und sich etwas leichter fühlt. Dann kann man sagen: »Erleichterung, ich mag dich.«

Zusammen mit der Angst, die man auch mehr zulassen kann, findet man häufig Trauer, Resignation, Verzweiflung, Todessehnsucht, aber auch Aggression. Man merkt, wie heftig man sich bisher bemüht hat, das »Negative« im Inneren unter Kontrolle zu bringen. Es hat nichts gefruchtet.

Jetzt kann man – mit Angst – die Resignation und die Ohnmacht zulassen und sogar sagen:»Macht mit mir, was ihr wollt.« Damit liefert man sich an sich selbst aus. Oft findet man dabei einen angenehmen Zustand des Nichts-mehr-tun-Müssens. Man muß sich nicht mehr so sehr analysieren und bewerten. Man muß sich nicht mehr so intensiv vor sich selbst schützen. Man findet mehr Frieden in sich selbst. Und man merkt mit Erstaunen, daß einem die bisher bekämpften negativen Zustände Selbstvertrauen und Kraft schenken.

*

Panik   Ersehnt: *Gelassenheit, Vertrauen*

● *Unbewußtes Verhalten:* Panik ist eine sehr intensive Form der Angst, in der man die Kontrolle weitgehend oder völlig verliert. Es gibt gefährliche Situationen, in denen fast jeder in Panik gerät und »kopflos« handelt oder völlig erstarrt nicht mehr reagieren kann. Ähnlich bedrohlich sind sich wiederholende Panikanfälle, die keine äußeren Ursachen haben. Davon Betroffene suchen Hilfe bei Therapeuten, um diese unerträglichen Zustände zu vermeiden oder ganz zu überwinden. Oft nehmen sie über lange Zeit Medikamente dagegen, auch weil sie fürchten, daß nach dem Absetzen die Panikanfälle wieder auftreten könnten.
● *Innere Erfahrungen:* Gerät man in einer inneren Erfahrung oder im Traum in Panik, ist das ebenfalls sehr unangenehm. Man wird von der großen Angst überwältigt. Man kann sich nicht mehr wehren und schützen. Man glaubt wirklich, zerstört zu werden.

Das eigentliche Problem ist jedoch nicht die große Bedrohung von innen, welche die Angst auslöst. Die Panik entsteht, wenn der Mensch glaubt, daß es im eigenen Inneren genauso ist wie in der physischen Welt: Was einen außen schädigt oder zerstört, könnte genauso wirken, wenn man es in inneren Wahrnehmungen erlebt. Man fürchtet zum Beispiel, verbrannt und getötet zu werden, wenn man im Traum in ein großes Feuer fällt. Daher bietet man alle Kraft auf, innere Bedrohungen zu vermeiden. Merkt man jedoch, daß es nicht gelingt, gerät man in Todesangst und Panik.

Begleite ich jemanden durch solche inneren Erfahrungen, weise ich ihn darauf hin, daß sein physischer Körper in Sicherheit ist. Dann ermutige ich ihn zu sagen:»Panik, ich kann dich kaum ertragen« und:»Bedrohung, ich habe große Angst vor dir.« Meistens merkt der Mensch, daß sich sein Zustand nicht verschlimmert, sondern daß es sogar ein bißchen ruhiger in ihm wird. Danach frage ich ihn, ob er sich der Panik und der Bedrohung zuwenden und vielleicht ausliefern kann. In jedem Fall erlebt er, daß ihn die innere Bedrohung nicht verletzt, tötet oder verrückt macht.

Fast immer entsteht eine große Erleichterung und Entspannung. Die Panik ist nicht mehr zu spüren. Der Mensch gewinnt viel Vertrauen zu seiner inneren Welt und ihren Gesetzen. Er kann seine kraftvollen Energien viel freier zulassen.

*

Schuldgefühle   Ersehnt: *Vertrauen, Unabhängig*

● *Unbewußtes Verhalten:* Im Zusammenleben mit anderen Menschen hat man immer wieder den Eindruck, sich nicht richtig verhalten zu haben, den anderen verletzt, ihn enttäuscht oder traurig gemacht zu haben. Dann schämt oder ärgert man sich und fühlt sich schuldig am Leiden des anderen. Da das alles so unangenehm ist, redet man oft mit dem anderen nicht darüber und schleppt seine Schuldgefühle lange mit sich herum. Oder man versucht, die Situation mit dem anderen zu klären, um sich zu entschuldigen und sich damit von Schuldgefühlen zu befreien.

● *Innere Erfahrungen:* Gesteht man sich seine Schuldgefühle zu, kann man ihnen sagen:»Schuldgefühle, ihr gehört auch zu mir.« Es ist möglich, daß man sich dann an jemanden erinnert, dem gegenüber man Schuldgefühle empfindet. Man kann daran denken, wie man sich verhalten hat und wie er darauf reagiert hat. Dabei werden meistens allerhand unangenehme Gefühle deutlich, die man selbst spürt und die man dem anderen nicht zumuten möchte. Er soll nicht traurig, hilflos oder verzweifelt sein.

Man merkt, daß man diese Gefühle auch selbst nicht mag. Man hat sie ständig unterdrückt und bekämpft. Jetzt wird man traurig, was man aber auch nicht zulassen kann.

So wird einem bewußt, wie abweisend und lieblos man mit vielen eigenen Gefühlen und inneren Zuständen umgegangen ist. Da sind plötzlich wieder Schuldgefühle. Aber jetzt beziehen sie sich nicht mehr auf

151

den anderen. Es ist die »Schuld«, sich selbst vergessen und sich in manchem unterdrückt und bekämpft zu haben. Sagt man dann: »Schuldgefühle, ich spüre, daß ihr mich zu mir selbst bringt«, dann beginnt man, sie zu erfahren. Sie sind ein direkter Weg zu dem vielen Unbekannten und Unvertrauten in uns selbst.

Nimmt man das, was man bisher abgewehrt hat, zum erstenmal wahr, wird man von innen jedoch nicht beschuldigt oder verurteilt. Man erfährt mit Erstaunen, daß auch die vergessenen Teile des Körpers und die bekämpften Gefühle nicht böse auf einen sind. Sie freuen sich, daß man sich ihnen endlich zuwendet.

*

Schwäche   Ersehnt: ***Stärke, Kraft***

● *Unbewußtes Verhalten:* Körperliche Schwäche entsteht bei vielen Krankheiten und bei Überlastungen. Ziemlich verbreitet sind bei uns chronische Schwächezustände mit niedrigem Blutdruck, Energie- und Antriebsmangel, so daß sie schon fast als normal gelten. Obwohl sich viele Menschen an derartige Schwächen gewöhnt haben, versuchen sie doch, sie zu überwinden. Man trainiert seinen Körper und versucht, seinen Streß zu reduzieren. Man nimmt aber auch Medikamente, um kräftiger und lebendiger zu werden.

● *Innere Erfahrungen:* Man kann seine körperlichen Zustände zum Anlaß nehmen, um sich der Schwäche direkt zuzuwenden und ihr vielleicht zu sagen: »Schwäche, ich mag dich nicht. Ich leide an dir. Ich will dich überwinden.« Es ist möglich, daß man sich ganz traurig und hilflos fühlt, weil man sich an die vielen Momente von Schwäche erinnert. Dabei ging es oft jedoch nicht nur um körperliche Schwäche, sondern auch um den unangenehmen Zustand, sich in bestimmten Situationen oder bei bestimmten Menschen klein und schwach zu fühlen.

So kann man sich der Trauer, der Hilflosigkeit, der Kleinheit und auch der Abwehr zuwenden und ihnen sagen: »Ich spüre euch, ich mag euch auch nicht.« Ich ermutige den Menschen dann, diesen bisher abgelehnten Gefühlen ein bißchen näher zu kommen, sich mehr von ihnen berühren zu lassen, um zu erfahren, daß man mit ihnen leben kann und nicht nur gegen sie. Wer das ausprobiert, erfährt immer, daß er sich mit seiner Trauer oder Hilflosigkeit keineswegs noch schwächer fühlt, wie er bisher gefürchtet hat. Die weichen Gefühle schenken ihm ihre Lebenskraft, die ihm dann auch im Alltag zur Verfügung steht.

Da das bei uns weitgehend unbekannt ist, kämpfen so viele Menschen unbewußt gegen sich, blockieren dabei vitale Energien im Körper und in ihren Gefühlen und leiden an der daraus entstehenden Schwäche, die sie auch wieder bekämpfen. So kommt man in einen Kreislauf von Leiden und Abwehr, den man so nie beenden kann und der eine zunehmende Abwehr erfordert. Zuletzt – im Alter – bleibt kaum noch etwas zum Leben übrig. Selbst das halten wir für einen normalen Alterungsprozeß. Dieser Kreislauf des Leidens kann beendet werden, wenn man den Mut hat, sich wahrzunehmen und sich mehr zuzulassen, auch in den unangenehmen oder bedrohlichen eigenen Zuständen. Die eigentliche Stärke, die man dann findet, ist das Vertrauen zu sich selbst.

*

Schwere Ersehnt: *Leichtigkeit*

● *Unbewußtes Verhalten:* Manchmal wirkt der Körper schwer, und man muß sich anstrengen, ihn zu bewegen. Häufig empfindet man das Leben selbst als schwer mit den vielen Problemen, die man haben kann: Anstrengungen und Enttäuschungen, dauerhafte Schwierigkeiten mit anderen Menschen und mit sich selbst. Dann sehnt man sich danach, leichter leben zu können, ein bißchen »fliegen« zu können, um dem Schweren zu entkommen und das Ganze gelassener von oben zu betrachten.
● *Innere Erfahrungen:* Die meisten Menschen leben mit der Vorstellung, daß sich Gegensätze ausschließen. Sie glauben zum Beispiel, daß die Leichtigkeit verloren ist, wenn man die Schwere erlebt. Oder daß sie die Trauer überwinden müßten, um die Freude wiederzufinden. Mit solchen Vorstellungen macht man es sich sehr schwer, die unangenehme Seite wahrzunehmen und sich ihr zuzuwenden.
Das gilt auch für die Schwere bei inneren Erfahrungen. Man leidet an ihr, mag sie nicht und versucht, sie sofort zu beseitigen, damit es einem besser geht. Bitte ich den Menschen, seine Schwere anzusprechen, spürt er erst einmal Angst, die er auch abwehrt. Hat er dann den Mut, Angst und Schwere anzusprechen, erlebt er mit Erstaunen, daß er sich schon ein bißchen erleichtert fühlt. Das ist die Leichtigkeit, die er so sehr gesucht hat. Sie ist ein Geschenk der Schwere.
Kann man sich sogar noch der Schwere anvertrauen oder ausliefern, zerstört sie einen nicht, sondern bringt einen in Zustände wie Fallen,

Zerfließen, Sich-Auflösen, Schweben oder Fliegen. Die sind am Anfang oft auch unvertraut und bedrohlich, bald danach aber meistens sehr angenehm.

*

Schwindel　　　　　　　Ersehnt:　*Kontrolle, Bewußtsein*

● *Unbewußtes Verhalten:* Wenn es einem schwindelt, droht man die Kontrolle über sich zu verlieren. Man kann sich nicht mehr richtig orientieren, man verliert seine körperliche Koordination, man versteht vielleicht nicht mehr, was einem gesagt wird oder was mit einem geschieht. Bei starkem Schwindelgefühl wird man ohnmächtig und verliert ganz sein Bewußtsein.

Leidet man unter Schwindelanfällen oder sind sie gar chronisch, versucht man sie – vor allem durch Medikamente – unter Kontrolle zu bringen.

● *Innere Erfahrungen:* Bei Begleitungen von Menschen durch ihre inneren Erfahrungen erlebe ich öfter, daß sie in besonders schwierigen inneren Situationen plötzlich merken, wie ihr Kopf schwindelig wird. Das vertieft eine bereits vorhandene Angst. Ich empfehle dann, auch den Schwindel anzusprechen und vielleicht zu sagen:»Schwindel, ich spüre dich. Du machst mir große Angst.« Wer es möchte, kann sich dem Schwindel ausliefern und sagen:»Schwindel, mache mit mir, was du willst.« Und:»Angst, begleite mich.« Danach wird der Kopf meistens leichter und ruhiger.

Dem Menschen wird bewußt, wie sehr er sich vor dem Schwindelanfall bemüht hatte, zu verstehen, was in ihm geschah, und wie sehr er versucht hatte, es unter Kontrolle zu bringen oder zu halten. Der Kopf, der das alles machen sollte, war schlicht überfordert und drohte, durch den Schwindel auszufallen. Erst danach war der Mensch in der Lage, sich den schwierigen inneren Themen zuzuwenden, mit ihnen zu sprechen und sich ihnen vielleicht auszuliefern.

So erlebe ich Schwindel (und Kopfschmerzen) oft als einen Notruf des Kopfes, der völlig überlastet ist durch die ständige Analyse und Kontrolle innerer Vorgänge, zu der wir ihn unbewußt nötigen.

*

154

Sorgen Ersehnt: ***Vertrauen***

● *Unbewußtes Verhalten:* Spricht man über seine Sorgen, hört man oft die Ermahnung: »Du brauchst dir doch keine Sorgen zu machen. Es wird alles in Ordnung gehen. Denke doch auch einmal an etwas anderes.« Dann bemüht man sich, keine Sorgen mehr zu haben, und macht sich gleich neue Sorgen, warum man nicht davon lassen kann, sich trotzdem immer wieder Sorgen zu machen, selbst wenn man weiß, daß man sich keine machen müßte.

● *Innere Erfahrungen:* Ich erlebe immer wieder bei inneren Erfahrungen mit, daß jemand sagt: »Jetzt mache ich mir schon wieder Sorgen, obwohl das doch ganz überflüssig ist.« Und dann fragt er mich: »Wie kann ich das endlich überwinden? Wie kann ich meine Sorgen loswerden, die mich so quälen?« Ich sage dann: »Lerne sie doch erst einmal kennen.«

Nachdem sich der Mensch von seiner Verblüffung erholt hat, bitte ich ihn, die Sorgen anzusprechen und zum Beispiel zu sagen: »Sorgen, ich spüre euch. Ich merke, daß ihr in diesem Augenblick wohl zu mir gehört.« Oft antworten die Sorgen mit einem Augenblick der Ruhe und einer kleinen Freude. Das verblüfft den Betreffenden noch mehr. Es gibt ihm den Mut, sich bewußt seinen Sorgen zu öffnen.

Die bringen ihn dann nicht zuerst zu äußeren Problemen, sondern führen ihn zu den vielen unvertrauten, manchmal bedrohlichen Gefühlen oder inneren Vorgängen, die ihm bisher unterschwellig angst gemacht haben. Dieses Unbehagen hat er unbewußt mit äußeren Umständen zu begründen versucht. Er hat sich immer wieder Sorgen wegen äußerer Sachen gemacht, die es eigentlich gar nicht erfordert hätten.

Man sollte seine Sorgen nicht unterdrücken oder sie sich ausreden lassen, sondern ihnen nach innen folgen. Dort kann man sich selbst besser kennenlernen und mehr Vertrauen zu sich gewinnen.

*

Starrheit Ersehnt: ***Beweglichkeit, Lebendigkeit***

● *Unbewußtes Verhalten:* Am deutlichsten wird die Starrheit im Körper: Gelenke funktionieren nicht mehr richtig, die Wirbelsäule ist unbeweglich, man kann den Kopf nicht mehr drehen oder beugen. Es gibt viele Behinderungen, an denen man leidet. Nicht ganz so offensichtlich ist die innere Starrheit von Menschen, die auf ihrer Meinung beharren, intolerant sind, Vorurteile aufrechterhalten und sich eventuell »starrköpfig« und aggressiv durchzusetzen versuchen.

Da alle derartigen Formen von Starrheit unangenehm sind, versucht man, sie zu überwinden. Den Körper läßt man behandeln, den Starrkopf versucht man »zur Vernunft« zu bringen.

● *Innere Erfahrungen:* Starrheit wird auch bei inneren Erfahrungen manchmal sehr deutlich und löst meistens große Angst aus. Man fürchtet, nie wieder beweglich zu werden, wenn der Körper plötzlich ganz starr wird. Bitte ich den Menschen, diese Starrheit anzusprechen, fällt es ihm sehr schwer. Er möchte unbedingt aus diesem bedrohlichen Zustand herauskommen und versucht, seinen Körper zu bewegen. Das kann er tun, aber gleichzeitig sagen: »Starrheit, ich spüre dich und finde dich schrecklich.«

Danach kann er die Panik ansprechen, die ganz deutlich ist. Das fällt auch schwer, da er Panik als unerträglich empfindet. Ihm wird dabei jedoch bewußt, in welch einem starken Schutz er bisher gegenüber seinen unangenehmen oder bedrohlichen inneren Zuständen gelebt hat. So sagt er: »Schutz, ich habe dich bisher gebraucht. Aber ich glaube, ich bin auch ganz unbewußt mit dir umgegangen.« Oft kommen Trauer und Hilflosigkeit auf, die zuerst auch abgewiesen werden.

Die Starrheit kann einen so zu all den Gefühlen und inneren Zuständen führen, denen man bisher sehr wenig oder gar nicht vertrauen konnte. Man hat unbewußt wie ein Automat den Schutz aktiviert, um solche Zustände nicht mehr zu spüren und sich sicherer zu fühlen. Starrheit kann somit eine Sehnsucht nach Sicherheit sein. Der heftige innere Schutz besteht aus Blockaden, die sich schmerzhaft auch körperlich bemerkbar machen. Man spannt (chronisch) Muskeln an, blockiert Teile der Wirbelsäule und Gelenke und hält so die Lebendigkeit fest, zu der man kein Vertrauen hat.

*

Störungen   Ersehnt: *Gelassenheit*

● *Unbewußtes Verhalten:* Viele Menschen fühlen sich oft gestört. Man möchte auf eine bestimmte Weise ruhig mit sich leben, kann es aber nicht. Man wird beeinträchtigt von Lebensgewohnheiten anderer und ihrer Rücksichtslosigkeit. Man muß sich in Beziehungen und im Beruf mit anderen auseinandersetzen. Es gibt finanzielle Probleme, unerträgliche Entscheidungen in der Politik und die vielen Konflikte auf der

Erde. Man kommt einfach nicht zur Ruhe und fühlt sich hilflos und wütend, wenn man merkt, daß man kaum etwas ändern kann.

• *Innere Erfahrungen:* Es ist selbstverständlich, daß jeder Mensch von äußeren Vorgängen unangenehm berührt wird und sich dabei nicht wohl fühlt. Die Schwierigkeiten vergrößern sich jedoch und werden dauerhaft, wenn man nie merkt, daß »Störung« eine ganz persönliche innere Reaktion auf äußere Umstände ist. (So ist laute Musik für den einen ein Genuß und für den anderen unerträglich.) Erst wenn man sich seiner eigenen Störung bewußt wird, gewinnt man die Möglichkeit, sich ihr zuzuwenden und mit ihr Erfahrungen zu machen. Sonst kämpft man hoffnungslos gegen alle die scheinbaren äußeren Ursachen und zerrüttet sich dabei.

Man kann die Störung ansprechen und zum Beispiel sagen: »Störung, ich finde dich unerträglich.« Dann kommen sicher eine Reihe von unangenehmen Gefühlen hoch wie Hilflosigkeit, Aggression, aber auch Trauer. Man kann sich bewußt werden, daß man diese Gefühle bisher auch unerträglich fand. Man hat sie nicht wahrgenommen oder sie gleich unterdrückt, wenn sie sich andeuteten. Dabei fühlte man sich mehr oder weniger unwohl, was man aber auch nicht bewußt wahrgenommen hat. Man wurde bedrängt von seiner »negativen« Seite und fühlte häufig Unruhe oder Bedrohung in sich. Dann versuchte man unbewußt, das alles unter Kontrolle zu bringen, was einem jedoch nie so gelang, wie man es wollte.

Somit kann man durch einen bewußteren Umgang mit der Störung sehr vieles in sich finden, was man nicht kannte, nicht mochte und daher ständig unterdrückte. Auch wenn man sich von außen gestört fühlt, ist man ganz und gar in sich selbst. Man kann die unangenehmen Gefühle ansprechen, kann sie im Laufe der Zeit besser kennenlernen und merken, daß es in einem ruhiger wird.

Man wird dann immer noch von äußeren unangenehmen Vorgängen berührt. Kennt man jedoch zum Beispiel seine Hilflosigkeit besser und schützt sich nicht sofort automatisch vor ihr, muß man sich auch gegen die äußeren Vorgänge nicht mehr so zur Wehr setzen. Man kann gelassener ertragen, daß man außen vieles nicht ändern kann. Das hindert einen jedoch nicht, seine Rechte zu wahren und einen chronischen Störer um mehr Ruhe zu bitten.

*

Streß Ersehnt: *Gelassenheit*

● *Unbewußtes Verhalten:* Streß ist wohl das Thema Nummer eins bei uns. Der Streß entsteht nicht nur im Beruf, wo er eine gewisse Berechtigung hat, weil man dort gefordert wird und Leistung bringen muß. Streß spielt sich in allen Bereichen des Lebens ab: im Umgang mit Kindern und Partnern, beim Autofahren, beim Einkaufen, vor dem Fernseher, beim Lesen von Nachrichten, ja sogar bei Freizeitvergnügungen und im Urlaub.

Es scheint für viele Menschen sehr wichtig zu sein, nie Zeit zu haben und mit anderen über die vielen Belastungen zu sprechen, um sich darin gegenseitig zu bestätigen. Und gibt es dann wirklich einmal einen Augenblick, in dem man ruhig genießen könnte, wie zum Beispiel beim Essen im Restaurant, hat man sein Handy-Telefon dabei und wird vom Streß des Geschäfts oder der Freunde eingeholt. Dabei betont man immer wieder, wie sehr man Ruhe sucht, sie leider aber nicht findet.

Würde man den Streß als so etwas wie ein »gesellschaftliches Spiel« ansehen, an dem wir alle unbewußt teilnehmen, könnte man sofort einen Zugang zum eigenen Streß gewinnen. Man könnte fragen: »Warum spiele ich mit, wenn ich daran leide und es eigentlich gar nicht will?« Würde man jetzt aber intensiv darüber nachdenken und die Situation analysieren, wäre man wieder mitten im Streß, etwas verstehen zu müssen, um es ändern zu können.

Man könnte – etwas übertrieben – sagen: Einige wesentliche Grundlagen unserer Zivilisation beruhen auf den unbewußten und zwanghaften Aktivitäten, mit denen man sich vor der eigenen inneren Welt zu schützen versucht. Dabei wird unglaublich viel Neues produziert. Forschung, Technik und Wirtschaft liefern immer mehr Güter und Dienstleistungen mit dem Versprechen, Langeweile und Unzufriedenheit zu überwinden, um Unterhaltung, Zufriedenheit und Glück zu schaffen. Man muß sich eben nur die nötigen Mittel verschaffen, um sich das leisten zu können. Und das kostet Streß, den man auch wieder überwinden muß. Dann kauft man sich einen schönen Aktiv-Urlaub.

● *Innere Erfahrungen:* Meine Empfehlung heißt, den Streß als etwas Eigenes wahrzunehmen und ihm zu sagen:»Streß, ich merke, daß du zu mir gehörst.« Das freut den Streß ungemein. So schenkt er einem gleich ein bißchen Freude und sogar einen Augenblick der Ruhe. Dabei spürt man vielleicht, daß es einem gar nicht geheuer ist, wenn es innen still wird. Was könnte da jetzt hochkommen?

Das ist ein Kernthema des Streß. Man sehnt sich nach Ruhe, hat aber gleichzeitig Angst vor ihr. Die Ruhe erscheint geradezu bedrohlich. Wie die Stille vor dem Sturm, der einen zerstören könnte. Was gibt es da nicht alles an Negativem und Unerträglichem in einem, das hervorbrechen könnte! Man bemüht sich unbewußt, es ständig unter Kontrolle zu halten. Daher zerstört man die bedrohliche Ruhe durch ein Telefongespräch, durch einen Blick ins Fernsehen oder durch Aktivität. Gleichzeitig wünscht man sich immer noch Ruhe.

Mit der Hinwendung zum eigenen Streß kann man ganz intensiv zu all den unvertrauten und bedrohlichen eigenen Gefühlen und inneren Vorgängen kommen. Man kann seinen Streß geradezu als einen großen Helfer auf dem eigenen inneren Weg kennen und schätzen lernen. Das beginnt mit den Worten: »Streß, du gehörst zu mir. Bringe mich dahin, wohin du mich bringen willst.«

*

Trauer Ersehnt: *Freude*

● *Unbewußtes Verhalten:* Wie viele Anlässe gibt es, traurig zu werden: Erinnerungen an die Kindheit und an Menschen, die man verloren oder an denen man gelitten hat. Das eigene Leid im Körper und in der Seele. Die furchtbaren Dinge, die in vielen Teilen der Erde vor sich gehen. Und die Probleme, die man mit sich und anderen hat und einfach nicht überwinden kann. Man spürt die Trauer immer wieder hochkommen und bringt sie meistens schnell unter Kontrolle, weil man Angst hat, sie könnte losbrechen, einen hilflos machen und nie wieder aufhören, wenn man sich dem ganzen Elend öffnet. Gleichzeitig sehnt man sich nach Ruhe, Freude und ein bißchen Glück. Und dann ist die Trauer wieder da, weil man dies nicht erreichen kann.

● *Innere Erfahrungen:* Die Trauer ist wohl das häufigste Gefühl, das ich mit Menschen erlebe, die zu inneren Erfahrungen zu mir kommen. Schon im Vorgespräch werden viele ganz traurig und versuchen, sich und mir ihre Trauer zu ersparen. Sie verspannen ihr Gesicht, würgen und pressen. Ich sehe ihr Leiden, ihre Trauer nicht zu kennen und lieblos und sogar gewaltsam mit ihr umgehen zu müssen. Ich sage dann: »Seien Sie doch traurig. Was Sie erlebt haben, ist doch ganz schwierig. Ich kann Ihre Trauer gut ertragen.« Dann weinen sie offener und gelöster. Sie beginnen, sich ihrer Trauer zu nähern.

In inneren Erfahrungen zeigt einem die Trauer ganz deutlich die inneren Trennungen, an denen man leidet. Wie vieles bewertet man als negativ, falsch oder schlecht. Wie automatisch schützt man sich dann davor und kämpft dagegen, um es loszuwerden! Und wie verurteilt man sich, wenn man merkt, daß das Unangenehme nicht verschwindet! Trauriger kann ein Leben auf der Erde kaum sein!

Öffnet man sich seiner Trauer, kann man ihr sagen: »Trauer, ich schütze mich nicht mehr vor dir. Ich vertraue mich dir an.« Nach einer kurzen Angst spürt man vielleicht eine fließende, dunkle, warme Kraft, die einem ein bißchen Geborgenheit und Ruhe schenkt.

In diesem Zustand fällt es einem leichter, sich den vielen bisher abgewehrten Gefühlen zuzuwenden und offener und sogar liebevoller mit ihnen umzugehen. So erfährt man endlich, daß sie nicht negativ, bösartig oder gar zerstörerisch sind. Man hat keine Feinde in sich, die man hinter einem »eisernen Vorhang« unter Kontrolle halten muß. Man kann alle kennenlernen und bewußter und vertrauter mit ihnen leben. Zu dieser Gewißheit versucht uns die Trauer schon unser ganzes Leben lang zu bringen.

*

Unfähigkeit, Versagen   Ersehnt: *Leistungsfähigkeit*

● *Unbewußtes Verhalten:* Bei uns gilt das Ideal, aktiv, beweglich, leistungsfähig, zielgerichtet, entschlossen zu sein und alles richtig zu machen und zu erledigen. Schwäche, Unfähigkeit, Versagen, Faulheit und Krankheit gelten als (sehr) negativ und müssen bekämpft und überwunden werden.

Daher strengen sich viele Menschen an, ihre Schwächen zu beseitigen, um endlich wieder kraftvoll und leistungsfähig zu werden. Gelingt es ihnen nicht so, wie sie – und die anderen – es sich vorstellen, kommen noch mehr »negative« Zustände auf wie Enttäuschung, Resignation und Depression. Man vergleicht sich mit all den starken, strahlenden Menschen, die alles erreichen, und fühlt sich unfähig und wertlos.

● *Innere Erfahrungen:* Kommt jemand in solchem Zustand zu mir, ermutige ich ihn, sich seiner Unfähigkeit, seiner Schwäche und seiner Resignation direkt zuzuwenden. Spricht er diese Gefühle an, kommen fast immer Angst, Hilflosigkeit und Trauer hoch, die er gleich wieder unter Kontrolle zu bringen versucht. So wird er sich seiner Bewertungen und seiner Abwehr bewußt. Er merkt, mit wie wenig Vertrauen er bisher gelebt hat und wie sehr er sich unter Druck gesetzt hat, die negative Seite

160

wegzumachen. Jetzt kann er ganz traurig sein und herzlich weinen, dabei mit der Trauer sprechen und sich ihr vielleicht sogar ausliefern. Er wird von der Trauer nicht überwältigt und lebensunfähig gemacht, wie er bisher gefürchtet hat. Die Trauer schenkt ihm Weichheit, Wärme und Ruhe.

Der Mensch erfährt, daß er sich nicht gegen seine schwache, weiche Seite wenden muß, sondern daß sie ihm angenehme Zustände schenkt, wenn er sich ihr öffnet. Er wird um so lebens-»fähiger«, je mehr er sich in den bei uns so negativ bewerteten Zuständen kennenlernt.

*

Unruhe	Ersehnt: ***Ruhe und Frieden***

● *Unbewußtes Verhalten:* Für viele Menschen sind Hektik und Unruhe ganz normale tägliche Zustände, die man auch mit vielen Bemühungen nicht überwinden und beseitigen kann. Man beklagt sich bei anderen über die Belastungen und alles das, was man zu erledigen hat, und daß man dabei fast nicht mehr zur Ruhe kommt. Selbst der Schlaf ist häufig gestört.

Man hört dann von den anderen, daß es ihnen genauso geht. Manchmal erscheint es mir fast wie ein Konkurrenzkampf, wenn Menschen sich miteinander vergleichen, um festzustellen, wer mit Streß und Hektik am meisten beschäftigt ist.

Mögliche Gelegenheiten, Ruhe zu finden, werden oft jedoch nicht genutzt. Statt einfach einmal faul auf der Couch zu liegen, verabredet man sich mit anderen, fährt mit dem Auto irgendwohin oder geht in die Kneipe, um sich nicht so einsam zu fühlen. Ruhig ist es da aber auch nicht.

● *Innere Erfahrungen:* Sehr häufig begleite ich Menschen nach innen, die an ihrer ewigen Unruhe leiden und schon viele Versuche gemacht haben, sie zu überwinden. Sie sind dabei jedoch noch nie auf die Idee gekommen, daß es ihre eigene Unruhe ist, an der sie leiden. Daher haben sie sich ihr noch nie bewußt zugewendet und vielleicht sogar mit ihr gesprochen. Das ist ja bei uns ganz unbekannt.

Aber man darf sagen: »Unruhe, ich spüre dich im Bauch. Ich mag dich nicht, aber ich merke, daß du in mir bist.« Danach überfällt einen die Unruhe nicht mit großer Gewalt, wie die meisten fürchten. Sie freut sich, endlich einmal wahrgenommen zu werden, und sie wird sogar ein bißchen stiller. Das macht Mut, dann vielleicht zu sagen: »Unruhe, ich

liefere mich dir aus. Mache jetzt mit mir, was du willst.« Meistens wird
die Unruhe dann noch stiller, es ist jedoch möglich, daß einige unangenehme Gefühle hochkommen. Das sind zum Beispiel Angst, Trauer,
Hilflosigkeit oder Schuldgefühle. Dem Menschen wird bewußt, daß er
diese Gefühle nie mochte und sie ständig unterdrückt und unter Kontrolle zu halten versucht hat. Und jetzt kann er sich ihnen zuwenden, sie
ansprechen und sie soweit zulassen, wie es ihm möglich ist. Bei jedem
der Gefühle wird es ein bißchen ruhiger, leichter und sogar fröhlicher
in ihm. Er erfährt mit Erstaunen, daß er sie alle ganz gut ertragen
kann.

Danach weiß er auch, daß diese lebendigen Gefühle ständig in ihm
waren und unter der Decke seiner Abwehr manchmal kräftig rumort ha-
ben. Das war zum Beispiel die Unruhe im Bauch, die ihn zu all diesen
Gefühlen bringen wollte. Danach bedankt sich der Mensch bei seiner
Unruhe. Er kann jetzt offener und vertrauter mit ihr und seinen vielen
Gefühlen leben.

*

Unterlegenheit   Ersehnt: *Überlegenheit*

● *Unbewußtes Verhalten:* Man vergleicht sich sehr oft mit anderen Menschen und beurteilt und bewertet danach seine eigenen Fähigkeiten und
Verhaltensweisen. Und da man bei uns dynamisch und erfolgreich sein
sollte, fühlt man sich unterlegen,wenn man etwas nicht kann, wenn man
versagt oder Fehler macht. Das zeigt man natürlich niemandem, sondern versucht häufig, durch eindrucksvolles Auftreten und die richtigen
äußerlichen Attribute eine Niederlage oder seine Unzufriedenheit zu
vertuschen.

So versucht fast jeder bei uns, auch im eigenen Inneren »Herr im
Hause« zu sein und zu bleiben. Alle negativen oder bedrohlichen Eigenschaften werden unterdrückt und natürlich niemand anderem gezeigt.
Man ist ein ruhiger, gefaßter, vernünftiger Mensch, der sich unter Kontrolle hat und seine Aufgaben erfolgreich erledigt.

● *Innere Erfahrungen:* In eigenen inneren Erfahrungen darf man sich
jedoch seine Unfähigkeit, sein Versagen und seine Unterlegenheit zugestehen. Das führt niemals dazu, daß man danach noch unfähiger wird.
Öffnet man sich innerlich seiner Unterlegenheit, erlebt man, daß man
nicht immer nur oben sein muß, sondern sich im Inneren auch anvertrauen oder ausliefern und sogar in der (inneren) Tiefe untergehen darf.

Man braucht sich innerlich vor nichts zu schützen. Denn es gibt nichts, was einen überwältigt und zerstört. Man gewinnt dabei mehr Beziehung zu sich, man spürt mehr Selbstbewußtsein und Selbstvertrauen.

*

Unzufriedenheit   Ersehnt: *Zufriedenheit*

● *Unbewußtes Verhalten:* Die Unzufriedenheit ist sicher das Gefühl, das den Menschen am meisten in Bewegung bringt und zum Handeln veranlaßt. Hinter jeder Entwicklung und Erfindung steckt letztlich Unzufriedenheit. Der Motor der Wirtschaft ist die Unzufriedenheit, die bei uns durch die Werbung und durch modische Trends, zum Beispiel bei Bekleidung und Automobilen, außerordentlich geschürt wird. Trotzdem lebt kaum jemand bewußt mit seiner Unzufriedenheit und schätzt sie. Man versucht ja, sie endlich zu überwinden, um zufriedener zu werden.
● *Innere Erfahrungen:* Natürlich bringt uns die Unzufriedenheit auch innen tüchtig auf Trab. Man fühlt sich nicht wohl, man bewertet sich negativ, man merkt, daß andere mehr haben oder besser sind. Die meisten bemühen sich dann, sich zu verändern, besser zu werden und irgendwo hinzukommen, wo sie noch nicht sind. Man setzt sich mit Beziehungen und mit seinem Beruf auseinander, beschäftigt sich aber auch mit religiösen oder spirituellen Dingen. Bei allem versucht man, die Unzufriedenheit zu überwinden, weil man Sehnsucht nach der Zufriedenheit hat.

Sagt man seiner Unzufriedenheit:»Unzufriedenheit, ich merke, daß du zu mir gehörst«, kann man beginnen, bewußter mit ihr zu leben und sie vor allem als einen Begleiter in die eigene innere Welt zu nutzen. Dabei lernt man vieles kennen, was man bisher abgewertet und unterdrückt hat. Wendet man sich dem auch zu und nimmt Kontakt dazu auf, erfährt man, daß man sich nicht mehr so analysieren und bewerten muß. Man macht Frieden mit sich selbst und spürt Zufriedenheit. Man kann sagen:»Zufriedenheit, ich genieße dich.«

*

Verlassenheit   Ersehnt: *Nähe, Geborgenheit*

● *Unbewußtes Verhalten:* Man lebt mit anderen und sucht deren Nähe, Berührung und Verständnis. Man fühlt sich wohl und geborgen, wenn man es bekommt. Geht jemand jedoch kühl, abweisend, lieblos und

163

verständnislos mit einem um oder ist er nicht mehr zu erreichen, spürt man Einsamkeit und Verlassenheit. Man leidet daran und bemüht sich um eine befriedigendere Beziehung oder um andere liebevollere Menschen, um sich besser zu fühlen.

● *Innere Erfahrungen:* In einer inneren Erfahrung erinnert sich jemand zum Beispiel an den Verlust des Vaters in seiner Kindheit. Er war nach der Scheidung einfach weggegangen. Jetzt ist der Mensch ganz traurig, wenn er merkt, daß er den Vater kaum richtig kannte und häufig Sehnsucht nach ihm hatte. Er erinnert sich an den Vater, weint und sagt zu ihm: »Vater, warum hast du mich verlassen? Ich habe Sehnsucht nach dir.« Er ist überrascht, wenn er merkt, daß der Vater freundlich reagiert. Ich bitte ihn, zum Vater hinzugehen, ihn zu berühren oder sich von ihm berühren zu lassen. Er spürt diese Nähe als sehr angenehm. Dann lasse ich ihn fragen: »Vater, bist du in mir? Bist du mein innerer Vater?« Der Mensch ist ganz bewegt, wenn er merkt, daß es nicht um den leiblichen Vater geht, sondern daß er sich selbst erfährt. Der innere Vater freut sich und nimmt ihn fest in die Arme. Der Mensch spürt Wärme, Geborgenheit und Kraft. Er kann fragen: »Innerer Vater, warst du schon immer so in mir? Auch wenn ich dich nicht gespürt habe?« Der innere Vater lächelt milde. Der Mensch merkt, daß er daran gelitten hat, zu diesem Teil von sich keinen Kontakt zu haben. Der innere Vater hatte ihn nie verlassen. Er wußte es nur nicht.

So kann man mit seiner Verlassenheit innerlich zu dem kommen, was man bisher nicht kannte und nur wenig oder gar nicht gespürt hat.

*

Verletzlichkeit   Ersehnt: *Schutz*

● *Unbewußtes Verhalten:* Man fühlt sich verletzt, wenn man erlebt, daß sich jemand kühl und abweisend verhält, einen nicht hört und versteht und sich vielleicht sogar gegen einen wendet. Man spürt den Schmerz solcher Verletzungen und versucht, sich in Zukunft nicht mehr verletzen zu lassen. Man baut dabei oft einen starken Schutz vor Nähe und Berührung auf, nach denen man sich gleichzeitig sehnt.

● *Innere Erfahrungen:* Manchmal erlebe ich mit, daß jemand innerlich sein Herz besucht und mit Schrecken sieht, daß es aus vielen Wunden blutet. Es ist völlig verletzt. Das macht große Angst. Oft glaubt der Betroffene, daß diese Verletzungen von anderen Menschen verursacht worden sind. Nähert er sich dem blutenden Herzen, wird ihm jedoch

164

bewußt, daß er sich bisher kaum um sein Herz gekümmert hat. Er ist lieblos und abwehrend mit ihm umgegangen. Er hat starke Schuldgefühle, weint und kann den Anblick des verletzten Herzens kaum ertragen.

Ich bitte ihn, dem Herzen zu sagen, wie traurig er jetzt ist. Er kann ihm näherkommen und es vorsichtig berühren. Und wenn es ihm möglich ist, kann er sagen: »Herz, ich kann dich kaum ertragen. Aber du gehörst auch so zu mir, wie du jetzt bist.« Dann spricht er zu seinen Verletzungen und weint noch mehr. Ihm wird bewußt, wie sehr er in der Vergangenheit gegen seine Trauer und alles andere Unangenehme in sich gekämpft hat. Er merkt aber auch, daß er sich gegen seine Weichheit und Zartheit gewendet hat, weil er sie als Schwäche empfunden hat. Er hatte wenig Vertrauen zu sich und hat vieles immer wieder abgelehnt und unterdrückt. Er hat sich selbst verletzt. Und das tut ihm sehr weh. Jetzt kann er auch seinen Schmerz und einige von den Gefühlen und Zuständen ansprechen, gegen die er bisher unbewußt gekämpft hat. Er merkt, daß er sich dabei leichter und wohler fühlt.

Wenn er danach wieder zu seinem Herzen hinsieht, ist es rund und fröhlich. Da sind keine Wunden mehr. Es hat ihn zu seinen eigenen Verletzungen gebracht, und er hat seinem Herzen zum erstenmal zugehört.

*

Verlorenheit   Ersehnt: *Geborgenheit*

● *Unbewußtes Verhalten:* Spürt man wenig Nähe und Geborgenheit, fühlt man sich einsam und verlassen. Empfindet man auch noch Fremdheit in seinen Beziehungen und in der äußeren Welt, kommt man sich oft verloren vor. Man versteht das Verhalten anderer nicht, und man ist überfordert mit der komplizierten äußeren Welt. Man irrt wie ein verlorenes Kind durch sein Leben.

Die meisten bemühen sich sehr, diesen unangenehmen Zustand zu überwinden. Gelingt es ihnen nicht so, wie sie es sich wünschen, nehmen Enttäuschung, Hilflosigkeit und Depression überhand. Dann scheint alles verloren zu sein. Man sehnt sich weg aus diesem sinnlos erscheinenden Leben.

● *Innere Erfahrungen:* Die meisten Menschen irren in diesem verlorenen Zustand vor allem durch ihre eigene innere Welt, mit der sie wenig vertraut sind. Gefühle, Gedanken, innere Bilder oder Träume empfinden sie häufig als fremd, bedrohlich und zerstörerisch. Sie haben Sehnsucht nach Nähe, Geborgenheit und Vertrauen, spüren jedoch oft Trennung, Fremdheit und Bedrohung. Da das sehr unangenehm ist, verstärken sie den unbewußten Schutz nach innen immer mehr, weil sie – wie fast alle bei uns – glauben, daß man das Unangenehme endlich unter Kontrolle bringen und überwinden müsse.

Hat man den Mut, sich seiner Fremdheit und Verlorenheit innerlich zuzuwenden, gewinnt man den Zugang zu sich selbst und spürt die Nähe und das Vertrauen, nach denen man sich gesehnt hat. Die Erfahrung kann mit den Worten beginnen:»Fremdheit und Verlorenheit, ich ahne, daß ihr zu mir gehört. Nehmt mich doch einmal an die Hand und bringt mich dahin, wohin ihr mich schon immer bringen wolltet.«

∗

Verlust   Ersehnt: ***Festhalten, Gewinn***

● *Unbewußtes Verhalten:* Materielle Verluste durch Unfälle, Unglücksfälle oder Kriminalität können sehr schmerzhaft sein und zu vielen unangenehmen Gefühlen führen. Besonders schlimm ist der (zu) frühe Verlust eines vertrauten oder geliebten Menschen. Man denkt oft mit Trauer an ihn, spricht mit ihm und wünscht ihn sich zurück. Und dabei wird man oft von anderen ermahnt, die Vergangenheit endlich loszulassen und sich nicht an den Erinnerungen festzuhalten:»Du kannst ihn nicht zurückholen. Er ist nicht mehr da.«
● *Innere Erfahrungen:* In inneren Erfahrungen erlebe ich solche schmerzhaften Erinnerungen auch öfter mit. Manchmal versucht der Mensch, sich dann gleich zu disziplinieren, und sagt:»Ich will nicht schon wieder an meine Mutter denken. Sie ist doch gestorben, als ich fünf Jahre alt war. Ich habe schon zu viel um sie geweint. Das muß doch ein Ende haben.« Ich ermutige den Menschen, trotzdem an die Mutter zu denken und ihr laut und direkt zu sagen:»Mutter, ich bin immer noch traurig, daß du weggegangen bist. Ich kann dich nicht vergessen.« In der Trauer merkt der Mensch mit Erstaunen, daß die Mutter lächelt. Sie freut sich offensichtlich über die Worte. Er kann jetzt zu ihr hingehen, sich von ihr berühren oder in die Arme nehmen lassen und bei ihr weinen.

Ich lasse ihn dann fragen:»Mutter, bist du in mir? Bist du meine innere Mutter?« Die Antwort ist ein klares, liebevolles Ja. Der Mensch ist tief betroffen, daß er diese geliebte und ersehnte Mutter jetzt in sich selbst findet. Er weint vor Rührung und vor Trauer. Er erfährt, daß diese innere Mutter schon immer in ihm war. Sie war nicht verlorengegan-

166

gen. Sie hat ihn oft gerufen und sich deutlich gemacht. Er hat dann jedoch geglaubt, sich mit der verstorbenen leiblichen Mutter zu beschäftigen. Er hat nicht gewußt, daß alles in ihm ist und daß im Inneren nichts verlorengehen oder zerstört werden kann.

*

Verschlossenheit   Ersehnt: ***Offenheit, Vertrauen***

● *Unbewußtes Verhalten:* Häufig spürt man Verschlossenheit vor allem im Verhalten anderer Menschen. Man empfindet bei ihnen Kühle, Distanz, Ablehnung, Zurückweisung, Feindseligkeit oder gar Aggression. Man glaubt dann, daß der andere etwas gegen einen hat, und reagiert mit entsprechenden Gefühlen von Betroffenheit bis Aggression oder Depression. Wenn einem die Beziehung wichtig ist, versucht man sie zu klären. Sonst wendet man sich ab und leidet vielleicht noch lange unter der Ablehnung, die man sich oft gar nicht erklären kann.

● *Innere Erfahrungen:* Bei einer Ablehnung durch jemand anderen kann es sehr hilfreich sein, sich bewußtzumachen, wie er mit sich selbst umgeht. Hat er Vertrauen zu sich und seinen Gefühlen? Ist er in der Situation vielleicht an die Grenzen seines eigenen Vertrauens gekommen? Hat er sich dann seinen eigenen Gefühlen verschlossen, die er nicht ertragen konnte? Oft wird einem sofort bewußt, daß der andere sich vor allem nach innen verschlossen hat. Ähnlich ablehnend mußte er dann auch mit anderen Menschen umgehen, die er als die Ursache des Unerträglichen empfunden hat.

Mit dieser Einsicht gewinnt man die Möglichkeit, sich seiner eigenen Reaktionen bewußt zu werden. Man glaubt meistens, daß die Ursachen vieler eigener Zustände außen liegen. So nimmt man zum Beispiel einen aggressiven Menschen als Ursache für das eigene Unbehagen und die eigene Abwehr.

Die äußere Welt berührt einen jedoch immer nur in einem selbst. Wäre man mit seiner eigenen Aggression ein bißchen vertrauter, könnte man jemanden in seiner Aggression – im normalen Rahmen – ertragen und zulassen. Fürchtet man seine eigene Aggression, verschließt man sich automatisch nach innen, wenn einen dieses Thema von außen berührt. Dann fühlt man sich nicht mehr wohl, weil die eigenen Ängste und die innere Abwehr spürbar werden, gegen die man sich auch wieder unbewußt wendet. Das führt zur Abwehr des anderen Menschen, den man für die eigenen Zustände verantwortlich macht.

167

Damit ist man ganz und gar bei seiner eigenen Verschlossenheit. Lernt man sie endlich als Teil von sich selbst kennen, kommt man oft zu körperlichen Symptomen der Verschlossenheit wie Spannungen, Blockaden, Behinderungen, Durchblutungsstörungen und Energiemangel. In Beziehung zu diesen unangenehmen Zuständen kann man viele Gefühle oder Energien kennenlernen, die einem bisher unvertraut und bedrohlich waren. Oft reagiert der Körper darauf ganz spontan mit mehr Weichheit, Fließen und Lebendigkeit.

*

Verzweiflung   Ersehnt: *Vertrauen*

● *Unbewußtes Verhalten:* Man versucht, Schwierigkeiten und Leiden aller Art zu überwinden, um sich endgültig von ihnen zu befreien. So bemüht man sich, Beziehungsprobleme zu klären, Krankheiten auszukurieren und negative Gefühle loszulassen oder zu transformieren. Denn man glaubt, daß man sich befreien kann, wenn man nur richtig mit sich und anderen umgeht. Dann muß man keine Angst mehr haben, nicht mehr traurig sein und vor allem nicht mehr aggressiv werden.

So lebt man Jahr für Jahr und hofft auf mehr Ruhe und Zufriedenheit, um immer wieder zu erfahren, daß sie sich trotz aller Bemühungen nicht so einstellen, wie man es sich wünscht. Man leidet immer noch und vielleicht sogar mehr als vorher. Man kann andere nicht erreichen, um die Beziehungen zu verbessern. Und man hat immer noch Angst, Trauer, Hilflosigkeit und Wut. Dann ist man verzweifelt, was man auch wieder als unangenehm und bedrohlich empfindet und zu überwinden versucht.

● *Innere Erfahrungen:* Begleite ich Menschen zu ihrer Verzweiflung, spüre ich häufig, wie sie innerlich in (mindestens) zwei Teile zerfallen sind: in die eine Seite, die sie mögen und zu erreichen und zu erhalten versuchen. Und in die andere Seite, die sie ablehnen, fürchten und zu überwinden versuchen. Diese Trennung kann man sehr schmerzhaft spüren.

Wendet man sich seiner Verzweiflung zu, kann man sie als etwas Eigenes wahrnehmen. Dann kann man – auch mit Angst – mit ihr sprechen. Dabei spürt man vielleicht sofort, daß man sich erleichtert fühlt. Man kann sich ihr öffnen und sie mehr zulassen. Dabei wird sie keineswegs übermächtig und zerstört einen auch nicht. Damit gewinnt man das Vertrauen, auch die anderen aufkommenden Gefühle mehr zuzulassen wie Trauer, Angst, Hilflosigkeit und sogar Wut. Man erfährt, daß sie auch alle zu einem gehören und daß man mit ihnen leben kann, auch wenn sie sich nicht so angenehm anfühlen. So hilft einem die Verzweiflung, innere Zusammengehörigkeit zu erleben.

*

Zweifel   Ersehnt: *Sicherheit, Eindeutigkeit*

● *Unbewußtes Verhalten:* Der Zweifel wird meistens recht negativ angesehen. Man sollte zwar manchmal vorsichtig sein, aber nicht mißtrauisch. Und schleicht sich der Zweifel erst in eine Beziehung ein, dann ist sie ernsthaft gefährdet. So versucht man, den Zweifel zu überwinden, um offener und vertrauter leben zu können.

Auch auf manchen spirituellen Wegen wird einem gesagt, wie hinderlich Mißtrauen und Zweifel seien. Man müsse sich hingeben und anvertrauen können. Zweifel am Weg oder am Lehrer zerstörten die Beziehung.

● *Innere Erfahrungen:* Ich ermutige jedoch auch hier, bewußter mit allem umzugehen, was in einem deutlich wird. Der Zweifel ist nicht schlecht oder hinderlich, wenn man ihn als Teil von sich selbst wahrnimmt und mit ihm lebt und nicht gegen ihn. Denn man kann ihn – wie Angst oder Mißtrauen – sehr schön benutzen, um innerlich zu allem zu kommen, zu dem man bisher wenig Beziehung und Vertrauen hatte. Man zweifelt ja gerade an sich, wenn man keine Gewißheit hat. Eine Gewißheit kann jedoch entstehen, wenn man etwas persönlich erfahren hat.

Man kann bei manchen Autoren – wie auch in diesem Buch – lesen, daß man von innen bedingungslos geliebt wird. Das kann man jedoch nicht einfach glauben, und man muß es auch nicht. Man darf mit seinem Zweifel zusammen zum Beispiel zu seinem Herzen gehen und es fragen: »Herz, liebst du mich, wie ich war und wie ich bin?« Selbst wenn man dann ein eindeutiges Ja hört oder spürt, kann man es vielleicht immer noch nicht glauben. So besucht man sich innerlich immer wieder mit dem Zweifel, bis man eines Tages merkt, daß man Gewißheit gefunden hat. Dann kann man dem Zweifel für seine große Hilfe danken. Der freut sich und kommt bei anderen Erfahrungen wieder dazu, um einen in die Gewißheit zu bringen.

*

169

Zwei Reisen zum inneren Tod

Im folgenden schreibe ich zwei »Reisen nach innen« so auf, wie ich sie sonst in einer Gruppe sprechen würde. Wer möchte, kann diese Texte oder ähnliche auf Kassette sprechen.

Dabei empfehle ich, langsam und getragen zu reden, auch wenn das am Anfang eigenartig klingt. Nach den meisten Sätzen sollte man eine mehr oder weniger lange Pause (angedeutet durch Punkte ...) machen, in der man später innerlich wahrnehmen kann, was in einem geschieht, und in der man mit sich sprechen und zu sich hinhören kann. Wenn jemand weiß, daß er dafür viel Zeit braucht, sollte er die Pausen dementsprechend länger machen.

Vor dem Abhören der Kassette sollte man es sich gemütlich machen, sich also zum Beispiel hinlegen und sich warm zudekken.

Wenn man zuhört und mitgeht, erlebt man sich selbst und macht seine eigenen inneren Erfahrungen. Dabei muß man nicht versuchen, Bilder zu sehen, wenn sie nicht deutlich werden. Man kann sich einfach vorstellen oder einbilden, wie es sein könnte. Dabei reichen Gedanken aus, es müssen keine bildhaften Eindrücke entstehen. Man ist immer bei sich, auch wenn man wild drauflos phantasiert.

Wenn jemand beim Abhören der Kassette etwas ganz anderes erlebt, kommt das auch von innen. Und wer einschläft, ist auch bei sich. Wer anschließend enttäuscht ist, kann seine Enttäuschung ansprechen, und wer zufrieden und erholt ist, kann seiner Zufriedenheit und Erholung sagen, daß er sie mag.

Es ist überflüssig, während der Erfahrung oder danach die Einzelheiten verstehen zu müssen. Man hat seine Erfahrung gemacht, und das hat seine Wirkung.

Hört man sich die Reise öfter an, ist man jedesmal wieder in

170

seiner Gegenwart und erlebt vielleicht etwas ganz anderes als vorher.

Die erste Reise ist stiller und – am Anfang – auch einfacher. Die zweite Reise enthält mehr Dramatik und vielleicht auch eine größere Bedrohung.

Erste Reise zum inneren Tod

Spüre dich, wie du jetzt bist. ...
Du mußt nicht versuchen, ruhig zu werden oder dich zu entspannen.
Wenn du aufgeregt bist, lasse es zu, und wenn du möchtest, sprich deine Aufregung an.
Du könntest sagen: »Aufregung, ich spüre dich«, aber auch: »Aufregung, du bist mir unangenehm.« ...
Du bist in dir.
Spüre aber auch, wenn du dich wohl fühlst, und sprich es innerlich an. ...
Dabei mußt du nicht verstehen, was in dir geschieht.
Du mußt auch nichts ändern, was dir nicht angenehm ist. ...
Und jetzt breitest du dich mehr in deiner Bewußtheit aus.
Spüre, wie du dich jetzt fühlst. ...
Bemerke, ob du gerade denkst oder ob dein Kopf ruhig ist. ...
Vertiefe den inneren Kontakt, indem du ansprichst, was du spürst. ...
Dabei mußt du keineswegs alles annehmen. Du könntest auch sagen: »Ich mag dich nicht«,
oder: »Ich habe wenig Vertrauen zu dir.« ...
Du kannst deine Gedanken ansprechen und ihnen sagen: »Ich spüre euch.« ...
Wie fühlt sich jetzt dein Körper an? ...
Du kannst deinem Körper sagen, wie du dich mit ihm fühlst. ...
Du kannst das ansprechen, was in ihm deutlich ist. ...
Das kann auch Unangenehmes sein wie eine Spannung oder ein Schmerz. ...
So spürst du dich gleichzeitig in deinen Gefühlen, deinen Gedanken und deinem Körper. ...

Du erlebst dich in einem größeren Bewußtseinszustand. ...

Und jetzt begibst du dich in eine weite Landschaft mit einem offenen Himmel darüber. Du kannst über die Landschaft bis zum Horizont sehen. ...

Der Eindruck dieser weiten Landschaft kann einfach in dir entstehen. ...

Du kannst sie dir aber auch vorstellen oder dich an eine weite Landschaft erinnern. ...

Wie sieht die Landschaft aus? ...

Wie fühlst du dich in ihr? ...

Ist sie dir vertraut oder fremd? ...

Du kannst der Landschaft sagen, wie du dich in ihr fühlst ...

Spüre, daß du in dir bist. Das ist keine äußere Landschaft, auch wenn sie vielleicht so aussieht.

Wie sieht der Himmel über der Landschaft aus? Ist er hell oder dunkel, offen oder verhangen? ...

Du kannst auch dem Himmel sagen, wie du dich unter ihm fühlst. ...

Du siehst über die Landschaft hinweg und spürst dich, wie du jetzt bist. Sprich wieder an, was du in dir wahrnimmst: Gefühle, Gedanken und deinen Körper. ...

Nun siehst du oder stellst dir vor, daß am Horizont der Landschaft eine Bewegung zu erkennen ist.

Es nähert sich eine Gestalt. Es ist der Tod.

Wie fühlst du dich, wenn du jetzt weißt, daß dir der Tod näherkommt? ...

Bist du neugierig, oder macht es dir angst? ...

Sprich deine Gefühle an, auch wenn sie nicht angenehm sind. ...

Der Tod kommt schnell näher. Er wird deutlicher, oder du stellst ihn dir deutlicher vor. ...

Wie sieht er aus?

Hell oder dunkel? Klein oder groß? ...

Spüre, was in dir geschieht. ...

Und jetzt ist dir der Tod ziemlich nahe. Du kannst Einzelheiten erkennen oder sie dir vorstellen. ...

Wirkt er freundlich oder distanziert oder bedrohlich? ...

Du kannst ihm sagen, wie du dich bei seinem Anblick fühlst.

Dabei kannst du ganz ehrlich sein.

Du könntest auch sagen: »Tod, du machst mir angst«, oder: »Tod, ich habe kein Vertrauen zu dir.« ...
Er bleibt vor dir stehen.
Du kannst ihn betrachten und dich dabei spüren. ...
Wenn du diesen Tod noch nicht kennst, frage ihn, ob er in dir ist.
...
Wie fühlst du dich, wenn du ahnst oder weißt, daß es nur um dich geht und nicht um die Begegnung mit einer äußeren Gestalt? ...
Wie verhält sich der Tod? Möchte er dir etwas sagen? ...
Du kannst ihm zuhören, du kannst mit ihm sprechen. ...
Wenn es so ist, kannst du deinem Tod sagen: »Tod, ich hatte schon Sehnsucht nach dir.« ...
Wie verhält er sich jetzt? ...
Wie fühlst du dich? ...
Wenn du möchtest, gehe zu ihm hin und berühre ihn.
Spüre, wie er sich anfühlt. Ist er warm oder kühl, weich oder hart?
...
Wie verhält er sich, wenn du ihm so nahe bist oder ihn berührst? ...
Und jetzt kannst du ihm sagen: »Tod, ich vertraue mich dir an. Bringe mich dahin, wohin du mich schon immer bringen wolltest.«
...
Wenn du jetzt Angst hast, bitte sie, mit dir zu kommen. ...
Und dann kann dich der Tod berühren oder dich an die Hand nehmen. ...
Denke daran, daß dein physischer Körper ganz sicher ist und daß du dich deinem eigenen Inneren anvertraust.
Du läßt geschehen, was geschieht. ...
Sollte es dir ganz unerträglich werden, kannst du stopp! sagen und es abbrechen. ...
Was macht der Tod mit dir? ...
Wo bringt er dich hin? ...
Du kannst auch zulassen, daß sich das Gefühl für deinen Körper verändert oder vermindert. Vielleicht spürst du ihn überhaupt nicht mehr. ...
Er kann nicht verlorengehen, und er wird auch keinen Schaden nehmen.
Du könntest mit deinem Tod schweben oder fliegen. ...
Du könntest dich ganz und gar auflösen. ...

Lasse es geschehen, soweit es dir möglich ist. . . .
Nimm Gedanken und Gefühle wahr, wenn sie aufkommen. Sie gehören dazu. . . .
Du mußt nichts mehr tun. . . .
Du mußt nicht verstehen, was mit dir geschieht. . . .
Wie sieht der Tod jetzt aus? Wie verhält er sich?
Freut er sich, daß du dich ihm anvertraust? . . .
Es ist möglich, daß du in ganz unbekannte und vielleicht auch zunächst bedrohliche Zustände kommst.
Es sind alles Zustände deiner eigenen Seele. Du könntest sie zulassen. . . .
Laß geschehen, was geschieht. . . .
Wenn dir dein Zustand angenehm ist, genieße ihn. Er kommt von innen. Jetzt erfüllt sich deine Sehnsucht nach dem Tode. . . .
Du hast dich ihm in dir anvertraut. . . .

Du mußt nichts mehr tun. . . .
Spüre, was geschieht. . . .
Auch wenn nichts mehr geschieht, bist du immer noch in dir. . . .
Vielleicht sind da Weite und Unbegrenztheit.
Vielleicht ist da Stille. Alles gehört zu dir. Es sind Zustände deiner Seele. . . .
(Eine Pause, so lange man sie sich wünscht.)
Spüre dich, wie du jetzt bist. . . .
Mache dich mit diesen Zuständen vertraut, auch um sie später wiederzufinden. . . .
Sie gehen nicht verloren, wenn du sie nicht mehr spürst. Sie waren immer in dir und werden immer dasein.
Der innere Tod kann dir helfen, sie wiederzufinden.
Wie fühlt sich der Tod jetzt an? . . .
Wie sieht er aus? . . .
Möchte er dir etwas sagen zu dem, was mit dir geschehen ist? . . .
Der Tod kann bei dir bleiben, und du kannst dich ganz langsam wieder mehr deinem Wachbewußtsein zuwenden. . . .
Spüre, daß du die ganze Zeit auch in deinem physischen Körper warst, der jetzt wieder deutlicher wird. . . .
Merke, daß dein Körper dich nicht hindert, ganz in deine Seele einzutauchen, in dein inneres »Jenseits«. . . .

174

Spüre, daß er auch keinen Schaden nimmt, wenn du ihn zwischendurch nicht mehr wahrnimmst. ...

Dein Wachbewußtsein kommt langsam wieder mehr in den Vordergrund. ...

Du spürst dich auf der Unterlage in diesem Raum. ...

Du bemerkst, wie du dich jetzt fühlst. ...

Dein Tod ist immer noch bei dir, wenn du möchtest. Du kannst ihn sehen oder dich von ihm berühren lassen. Und wenn du möchtest, kannst du ihn fragen, ob er dir ein deutliches Zeichen gibt, mit dem er dich – auch im Alltag – daran erinnern kann, daß er da ist und daß du mit ihm leben kannst. ...

Wenn dir der Name (innerer) Tod nicht so angenehm ist, kannst du ihn auch fragen, wie du ihn nennen sollst. ...

Und jetzt bist du wieder im Wachbewußtsein.

Du kannst ein bißchen tiefer in deinen Körper hineinatmen, du kannst ihn ein bißchen bewegen. ...

Und wenn du willst, öffnest du deine Augen und orientierst dich wieder in der äußeren Welt, in der du auch lebst und viele Erfahrungen mit dir machst. ...

Der Tod kann dich immer noch berühren. ...

Wenn du dich jetzt an den Zustand erinnerst, in den dich der Tod eben gebracht hat, bist du wieder in ihm. Dazu mußt du die Wachebene nicht verlassen. ...

Spüre, wie du dich jetzt fühlst. ...

Wenn es dir angenehm ist, genieße es und sprich es innerlich an. ...

Zweite Reise zum inneren Tod

Die Einleitung (kursiv geschrieben) entspricht der ersten Reise. Sie kann also so weit von der ersten Kassette kopiert werden.

Spüre dich, wie du jetzt bist. ...
Du mußt nicht versuchen, ruhig zu werden oder dich zu entspannen.
Wenn du aufgeregt bist, lasse es zu, und wenn du möchtest, sprich deine Aufregung an.
Du könntest sagen: »Aufregung, ich spüre dich«, aber auch:
»Aufregung, du bist mir unangenehm.« ...
Du bist in dir.
Spüre aber auch, wenn du dich wohl fühlst, und sprich es innerlich an. ...
Dabei mußt du nicht verstehen, was in dir geschieht.
Du mußt auch nichts ändern, was dir nicht angenehm ist. ...
Und jetzt breitest du dich mehr in deiner Bewußtheit aus.
Spüre, wie du dich jetzt fühlst. ...
Bemerke, ob du gerade denkst oder ob dein Kopf ruhig ist. ...
Vertiefe den inneren Kontakt, indem du ansprichst, was du spürst.
...
Dabei mußt du keineswegs alles annehmen. Du könntest auch sagen:
»Ich mag dich nicht«,
oder: »Ich habe wenig Vertrauen zu dir.« ...
Du kannst deine Gedanken ansprechen und ihnen sagen: »Ich spüre euch.« ...
Wie fühlt sich jetzt dein Körper an? ...
Du kannst deinem Körper sagen, wie du dich mit ihm fühlst. ...
Du kannst das ansprechen, was in ihm deutlich ist. ...
Das kann auch unangenehm sein wie eine Spannung oder ein Schmerz. ...
So spürst du dich gleichzeitig in deinen Gefühlen, deinen Gedanken und deinem Körper. ...
Du erlebst dich in einem größeren Bewußtseinszustand. ...

Jetzt denkst du an deine schwierige oder unerträgliche Situation. ...
Du erinnerst dich an alle die Probleme, die sich anhäufen. ...

Du denkst daran, wie du versucht hast, sie in den Griff zu bekommen. ...
Und wie es dir nicht so gelungen ist, wie du es wolltest.
Und wie die Situation immer schwieriger und auswegloser wurde. ...
Da kommen ganz unangenehme Gefühle hoch. ...
Versuche sie, so weit es geht, zuzulassen und sie innerlich anzusprechen. Du könntest zum Beispiel sagen: »Frust, ich spüre dich, ich mag dich nicht.« ...
So könntest du auch Trauer, Hilflosigkeit, Wut zulassen. ...
Die Gefühle können deutlicher und drastischer werden. ...
Versuche nicht, dich gegen sie zu wehren, sondern lasse sie herankommen. ...
Sprich zu ihnen. ...
Lasse auch zu, daß es dir schlechtgeht, daß du dich überhaupt nicht wohl fühlst. ...
Vielleicht werden dann auch noch Enttäuschung, Überforderung und Hoffnungslosigkeit deutlich, wenn du merkst, daß du nichts ändern kannst. ...
Du kannst dich nur ausliefern. So unangenehm es auch sein mag. ...
Es gibt keinen Ausweg mehr. ...
Und jetzt denkst du an den Tod. ...
Du erinnerst dich an die Sehnsucht, endlich Frieden zu finden und endlich aus dieser unerträglichen Situation zu verschwinden. ...
Du kannst dem Tod sagen: »Tod, ich sehne mich nach dir. Komme zu mir. Ich kann und will nicht mehr.« ...
Du lieferst dich dem Tod aus, der auf dich wartet. ...
Nimm deine Angst mit, wenn sie dich berührt. ...
Laß auch Schmerzen zu. ...
Du zerstörst deinen Körper. Er verschwindet einfach. ...
Du spürst nichts mehr von ihm. ...
Du bist plötzlich ganz leicht. ...
Du kannst schweben oder fliegen. Weg von dem ganzen Elend. ...
In die Weite, in die Freiheit. ...
Du läßt dich treiben. Es ist nichts mehr zu tun. ...
Du bist ganz leicht. Du treibst im Himmel. ...
Es wird ganz weit und hell um dich. ...

Die Erde ist verschwunden. ...
Es ist ganz ruhig geworden. ...
Genieße es. ...
(Hier kann eine längere Sprechpause gemacht werden.)
Und jetzt kannst du alles, was du spürst, innerlich ansprechen: deine Leichtigkeit, ...
deine Weite, ...
deine Freiheit ...
und was da sonst noch ist. ...
Spüre, daß du ganz und gar in dir selbst bist.
Du erlebst deine eigenen Seelenzustände.
Du bist die Leichtigkeit, die Weite und die Freiheit. ...
Und dein physischer Körper ist immer noch da. ...
Du hast ihn nicht zerstört. ...
Du kannst spüren, daß es ihm gutgeht. ...
Er freut sich, daß du den Mut hattest, in andere Ebenen deines Wesens einzutauchen.
Denn je mehr du dein inneres »Jenseits« kennst, um so besser kannst du mit deinem Körper auch in der Dichte und Schwere der Erde leben. ...
Wie geht es deinem Tod, der dich in diese Erfahrung gebracht hat? ...
Möchte er dir etwas sagen zu dem, was du zugelassen hast? ...
Wie sieht der Tod jetzt aus, oder wie stellst du ihn dir vor? ...
Du kannst ihn fragen, ob er so schon immer in dir war und ob er dich durch die Todessehnsucht zu solchen Erfahrungen verlocken wollte. Vielleicht bekommst du eine Antwort. ...
Du kannst den Tod fragen, ob er dir ein deutliches Zeichen gibt, mit dem er dich daran erinnern kann, daß er in dir ist. ...
Wenn du das in Zukunft wahrnimmst, kannst du dich auch im Alltag von diesem Tod berühren lassen, innerlich mit ihm sprechen und in dir Leichtigkeit, Weite und Ruhe ahnen oder spüren. ...
Und jetzt wendest du dich wieder bewußt deinem Körper zu und breitest dich mehr in ihm aus. Wie fühlt er sich jetzt an? ...
Wie fühlst du dich mit ihm? ...
Du kannst es ihm sagen. ...
Und wenn du möchtest, kannst du ihm danken, daß er dich nicht

hindert, so wie eben in die Weite oder Leichtigkeit deiner Seele einzutauchen. . . .

Du kannst dich immer noch bei deinem inneren Tod spüren, immer noch die Weite, Freiheit und Ruhe empfinden und gleichzeitig das Wachbewußtsein wieder mehr in den Vordergrund kommen lassen. . . .

Auch dein Wachbewußtsein hindert dich nicht, in den feineren inneren Ebenen zu sein. . . .

Du kannst ein bißchen tiefer in den Körper hineinatmen und kannst ihn bewegen. . . .

Du spürst dich auch wieder in der physischen Welt und öffnest deine Augen. . . .

Du brauchst nur an die Erfahrung mit deinem Tod zu denken, um wieder im eigenen inneren Jenseits zu sein. . . .

Es ist immer in dir, ob du es spürst oder nicht.

Ein Gedanke oder eine Erinnerung daran bringt dich wieder dahin. . . .

Spüre, wie du dich jetzt fühlst. . . .

Wenn du dich wohl fühlst, erinnere dich, daß du eben sehr unangenehme Gefühle zugelassen hast und daß du scheinbar deinen Körper zerstört hast. . . .

Du kannst dich auch damit vertraut machen, daß du mit innerer Gewalt keinen Schaden anrichtest. Es schadet deinem Körper und deiner Seele nicht und auch niemand anderem. . . .

In solchen inneren Gewalterfahrungen gewinnst du vielmehr Vertrauen zu deinen kräftigen Energien, die dir dann für dein irdisches Leben angenehm und fließend zur Verfügung stehen. . . .

Wenn Sie für eine Reise nach innen Begleitung wünschen, schreiben Sie an den Kreuz Verlag. Sie erhalten dann eine Liste mit Namen und Adressen von Personen zugesandt, die von Klaus Lange ausgebildet worden sind. Bitte legen Sie einen frankierten Rückumschlag bei.

Die unkomplizierte Freund-
schaft mit sich selbst

Die Reise zu sich selbst und das Gespräch mit sich selbst sind
Thema dieses ermutigenden Buches. Der Autor regt an zur
Kontaktaufnahme mit den eigenen Organen, Gefühlen und
Phantasien. Dabei vermittelt er weder eine Technik noch eine
Theorie, sondern das schlichte Vertrauen, daß jeder immer
bei sich selbst ist. Er muß es nur bemerken.

Klaus Lange
Herz, was sagst du mir?
Selbstvertrauen durch
innere Erfahrung
256 Seiten, gebunden mit
Schutzumschlag

KREUZ: Was Menschen bewegt.